「縄文」の新常識を知れば 日本の謎が解ける

関 裕二

PHP文庫

○本表紙図柄＝ロゼッタ・ストーン（大英博物館蔵）
○本表紙デザイン＋紋章＝上田晃郷

はじめに

世界が「縄文文化」のすばらしさに気付くきっかけができた。二〇二一年五月、国連教育科学文化機関（ユネスコ）の諮問機関が、北海道と北東北の縄文遺跡群を、世界文化遺産に登録することを勧告したのだ（七月末、正式決定）。

先史時代、多くの地域が農耕を選択し、文明化を果たしていく中、日本列島の住民（縄文人）は、なぜか狩猟採集に固執した。これまで「遅れた野蛮な地域」と考えられてきた縄文時代の食料事情は、当時の世界水準を上回っていたようだし、生活水準の高さは、目を見張るものがあった。狩猟民族なのに豊かな生活を送っていたことこそ、世界史の大きな謎になりつつある。

かつて日本人の間でも、縄文時代は野蛮で原始的と信じられていた。しかし、考古学の進展と、土偶《どぐう》や縄文土器などの縄文美術（美の根源には信仰の力が隠されているが）の見直しによって、評価は変わりつつある。また、縄文時代が日本の文化、歴史の基礎となっていることに、ようやく人びとは気付きつつあるのだ。

縄文人の暮らしは、決して原始的ではなかった。現代に通じる習俗と信仰と、生活を完成させていたのだ。その誇れる民族の歴史を、再認識する必要がある。縄文時代が一万年以上続いたことで、日本人の「確固たる原型」が育まれ、独自の文化が生まれた。そして大袈裟《おおげさ》にいってしまえば、今日の日本人が胸を張って世界に発信すべきは、この縄文的で日本的な発想と生き様ではないかと思えてくるのだ。

そうはいっても、納得していただくには、多くの説明が必要だろう。過去の日本人の発想や信仰は、ほとんどが「迷信」「時代遅れ」と、捨てられてきたからだ。

驚くべきことに、近代日本は、日本を否定することから始まっている。

黒船来航の衝撃から、近代の扉は開かれた。当時のインテリたちは、いっせいに西洋文明を礼讃し、自国の文化を卑下してみせた。「日本に歴史はない。ここから始まる」と、いってのけた者も、本当に存在したのだ。これが、当時の風潮だった。

ちなみに、多神教世界の象徴的存在であり続けた「天皇」も、明治政府は一神教の神のように担ぎ上げ、利用（悪用）した。これがいわゆる「天皇制」の真実だ。

「天皇制の天皇」は、日本人が支えてきた本来の「天皇」ではない。

戦後日本も過去の日本を恥じ、否定した。文部省（当時）が率先して、「迷信に満ちた日本文化を廃絶しよう」と呼びかけている（信じられないことだが、事実だ）。そのためだろう、われわれが子供のころ、音楽の授業で「邦楽」は童謡以外ほとんど習っていない。日本の文化、芸術は「世界の亜流」と教えこまれ、おかげで、小生のような仏像大好き人間は、変人扱いされてきたのだ。

しかしようやく、日本の文化と歴史の再評価が始まっていることを、今実感している。縄文土器や土偶に注目が集まっていることは、じつに象徴的な出来事だと思う。

日本人にとって「縄文時代」は特別な意味を持っている。東海の孤島の住民が縄文人であり、「ガラパゴスのイグアナ」のように、独自の発展を遂げた。その末裔《まつえい》がわれわれなのだから、「縄文一万年」の持つ意味は、大きい。「日本文化と民族の揺籃《ようらん》期が縄文一万年」であり、このとき、築き上げられた三つ子の魂は、ちょっとやそっとで消すことはできなかったのである。

たとえば、日本人は自覚のない信仰を守り続けている。それが、あまりにも自然な発想であることも手伝って、われわれは、「信仰していることさえ忘れている」のだ。そしてそれが、縄文一万年の間に培《つちか》われた、「大自然とともに生きる」「あらゆるものと共存する」という発想と「自然の猛威の前に人間は無力だ」という諦念《ていねん》だ。万物に精霊や神が宿ると信じ、大自然（万物、あらゆる現象）を神に見立てていたのだ。これがアニミズムや多神教特有の信仰形態であり、日本は先進国で唯一、一神教を拒んだ国でもあった。ここに、縄文の底力を感じるのだ。そして「天皇に歯向かえば恐ろしい目に遭《あ》う」という漠然とした恐怖心は、「天皇（神）は大自然そのものだから」と考えれば、合点がゆく。

神（大自然）の猛威の前に、人間はちっぽけな存在だということを、われわれは縄文時代から今に至るまで、肝に銘じてきた。天皇も現代人も、「縄文」と強い縁で結ばれていたのである。

さて、近代日本の出発点は、ペリーの黒船来航だが、そこから、「一神教との対立と融合、同化、そして破局。多神教世界への揺り戻し」の歴史が始まった。結局、日本人は、一神教の真似事をして近代化に成功したが、だからといって一神教徒になったわけではない。一神教世界から見れば、ここが、不気味に見えるのだと思う。

なぜ、近代日本人は、一神教的発展を経験しながら、多神教世界に舞い戻ってきたのか。「縄文的な発想」は、「死んでいなかった」としか思えないのである。

じつはこの近代日本の迷走は、かつて、「稲作を選んだ縄文人」の苦悩の再現ではないかと思うのだ。「稲作を選択すれば、豊かになるが、幸せになれるかどうかはわからない」と、縄文人たちは苦悩していたのだ。この歴史は、近代、現代の日本人にも当てはまる。近代化への逡巡と迷走を始めたわれわれは、アンビバレントな（相反する）感情を抱いたまま、破滅の道に猪突し、敗戦に至った。そして今、ようやく縄文に戻ってきたのだと思う。

縄文人を侮ることはできない。われわれは、どうしようもなく、縄文的なのだ。日本人と縄文時代の話を、聞いてほしい。

令和三年八月

関　裕二

「縄文」の新常識を知れば日本の謎が解ける

目次

第一章　縄文時代が教科書から消える？

第二章　日本人はどこから来たのか

第三章　縄文と弥生の境界線

第四章 ヤマト建国と縄文人

編集協力：三猿舎

第一章

縄文時代が教科書から消える？

縄文遺跡群がユネスコ世界文化遺産に登録される！

縄文文化が、世界の人びとを驚かす時代がやってきた。二〇二一年夏、「北海道・北東北の縄文遺跡群（北海道、青森県、秋田県、岩手県の一七カ所の縄文時代草創期から晩期に至る遺跡群）」が国連教育科学文化機関（ユネスコ）世界文化遺産に登録されることになった。国内の暫定リストに載せられてから、一〇年以上を要している。関係者の熱意と執念の賜物といえよう。文化遺産としては、二〇件目の快挙だ。また今回、自然遺産として登録されるのは、「奄美大島、徳之島、沖縄県北部および西表島《いりおもてじま》」（鹿児島県、沖縄県）だ。

北東北と北海道の縄文遺跡の特徴のひとつは、スケールの大きさにある。三内丸《さんないまる》山《やま》遺跡（青森市）や大湯《おおゆ》環状列石《かんじょうれっせき》（秋田県鹿角市）を訪れて驚かれた方も多いだろう。

北海道の縄文遺跡も、侮れない。たとえば、キウス周堤墓群《しゅうていぼぐん》（千歳市。縄文時代後期後葉の集団墓）は、掘った土で巨大なドーナツ状の周堤を造っていて、九基の周堤墓の中で最大のものは、直径八三メートルもある。

これらの縄文遺跡群が評価されたのは、狩猟採集民であるのに定住し（世界史的に見て稀）、複雑な精神文化を発展させたこと、環境に適応する高い能力を縄文人が獲得していたからだった。

北海道・北東北の縄文遺跡群

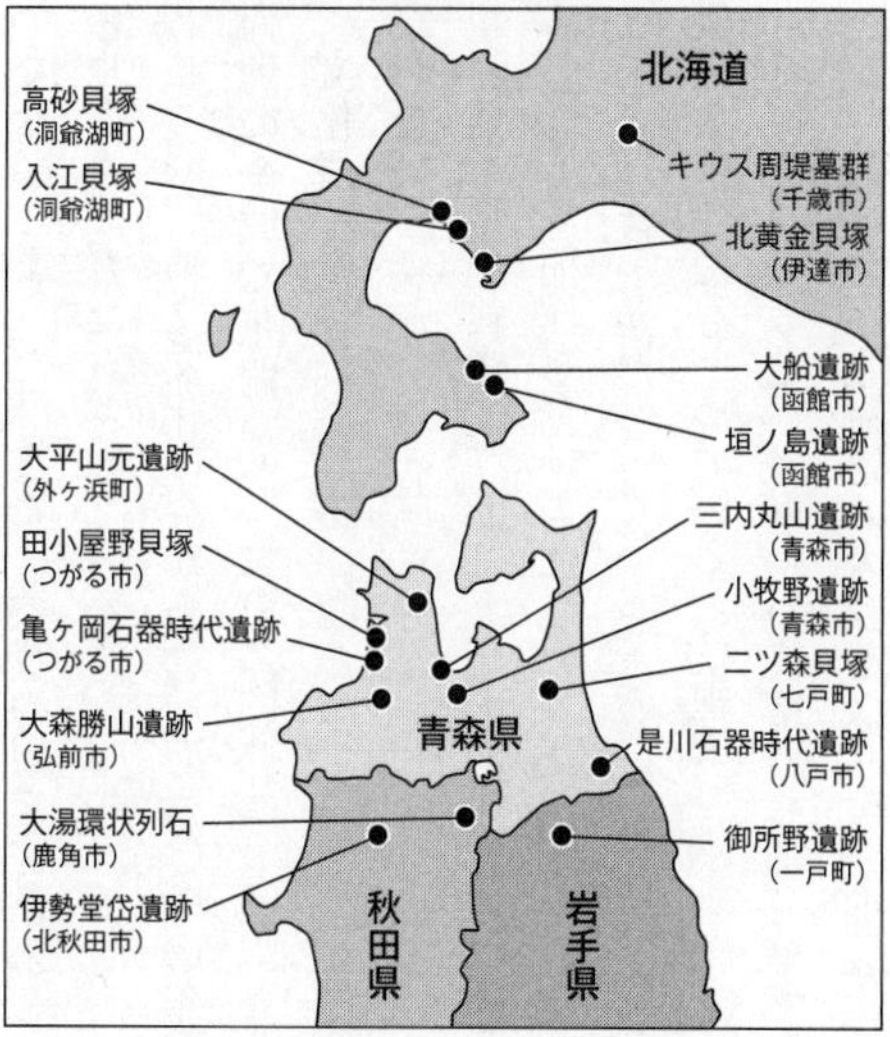

ちなみに、北東北と北海道は世界有数の航海の難所・津軽海峡で分断されている。そのことも手伝って、北海道は樺太（サハリン）や大陸北東部の文化の影響を強く受けたイメージが強いし、実際、旧石器時代には、両者の間に交流があった。しかし、縄文時代に温暖化が進むと、むしろ日本列島とつながるようになっていた。縄文人は、津軽海峡を通航の弊害と見なし

ていなかったようだ。盛んに彼我《ひが》の間を往き来していた。黒曜石《こくようせき》などが日本列島側から北海道にもたらされている。

ところで、縄文文化は今から約一万六〇〇〇年前に始まり、一万年以上の間、日本列島の全域で花開いた。ならばなぜ、今回、北東北と北海道の縄文遺跡群だけが、文化遺産に登録されるのだろう。ここに、深い歴史が根ざしていたように思えてならない。

紀元前十世紀後半に、北部九州の沿岸部に稲作文化が伝えられ、先住の縄文人が主体となって稲作を受け入れていった。弥生時代の始まりだ。ただ、稲作の伝播《でんぱ》のスピードは緩《ゆる》やかだったし、北東北は稲作を試したようだが、やがて方向転換し、狩猟採集生活にもどっていく（続縄文時代）。

古墳時代に至ると、南東北の首長たちは、ヤマトで生まれた前方後円墳を受け入れたが、北東北と北海道の人びとは、ヤマト政権に組みこまれることはなかった。八世紀になると、ヤマト政権は北東北の住民を「蝦夷《えみし》」と蔑《さげす》み、「まつろわぬ者」と決め付け、一方的に侵略を開始した。北東北の人びとは、激しく抵抗を続けた。こうして北東北は、図らずも「反骨の土地」になっていったのである。

大湯環状列石（写真：時事通信フォト）

戊辰《ぼしん》戦争に際し、官軍は東北の地を「一山百文《ひとやまひゃくもん》」とけなし、侮辱したという。

しかし、八世紀から続いてきた朝廷側の「思い上がり」「稲作や律令制度を拒んだ者に対する差別化」に、北東北の人びとはひるむことなく立ち向かい、抵抗していった。

彼らは抵抗のための抵抗を続けていたのだろうか。そうではあるまい。守るべき信念があったのだろう。これを大袈裟《おおげさ》に表現するならば、「文明や進歩に対する懐疑」だったのではあるまいか。

今回の世界遺産登録を機に、そのような「文明に戦い続けた」地域の人びとの

「縄文の息吹」が世界に発信されようとしている。それは、深く長く「反骨を貫いた人びと」の魂に焼き付けられた「本能の叫び」ゆえのことではなかろうか。

われわれは、縄文の心を、思い返す必要がある。

一度、教科書から消えた縄文時代

ゆとり教育のせいだろうか。平成十年（一九九八）の小学校学習指導要領改訂によって、一度旧石器時代と縄文時代（新石器時代）は教科書から消えてしまった。平成二十年（二〇〇八）に、ようやく復活したが、それでも教科書の記述はわずかで、一般社団法人日本考古学協会は平成二十六年（二〇一四）五月に「小学校学習指導要領の改訂に対する声明」を発表して、改善を求めている。

なぜ、縄文時代は教科書からはねられてしまったのだろう。その理由の一つに、「日本人の歴史は大陸や半島から稲作が伝えられて、ようやく発展の糸口を摑《つか》んだ」という、漠然とした常識が支配していたからではなかろうか。野蛮で未開な縄文時代を学んでも、何も意味を持たないと、信じられていたからにちがいない。

しかし、縄文時代がわからなければ、日本史や日本人の正体は、わからないままだ。大袈裟にいっているのではない。縄文人が一万年の歳月をかけて作り上げてきた文化と習俗と文明が、「民族の三つ子の魂」となって現代まで継承されている。日本人がなぜ「世界でも稀な文化を形成したのか」といえば、日本列島が東海の孤島で、縄文人が他の世界にはない独自の文化を編み出したからにほかならない。

その後、大陸と半島の混乱によって、多くの人びとがボートピープルとなって海を渡ってきて、渡来系の血が混じり、水田稲作を始めて人口爆発を起こしていったが、それでも、一万年の縄文の文化と習俗を消し去ることはできなかったのだ。

たとえば日本料理は、「煮る作業」が基本だが、これは縄文文化の名残だ。縄文人は、世界最古級の縄文土器（一万六〇〇〇年前か？）を利用して、ひたすら食品を煮て食していたのである。

神道は稲作民族の信仰と思われがちだが、縄文時代はおろか、旧石器時代までつながる、長い伝統に根ざしている。

さらに、「日本語」はいったいどこからもたらされたのか、はっきりとわかっていない。似ている言語が、周辺になく、孤立しているからだ。言語の血縁関係の判定法「規則的音声対応」を用いても、琉球《りゅうきゅう》語だけが、日本語とつながるだけだった。

かつて、「現代人が使っている日本語は、弥生時代に渡来人が縄文語を駆逐して、弥生時代に完成した」と考えられていた。縄文時代と弥生時代に、大きな文化の断絶が起きていたという発想だ。「縄文人は大量に海を渡ってきた渡来人に圧倒された」と信じられてきたのである。

しかし、すでに縄文時代に日本語は完成していたのではあるまいか。一度に大量の渡来人がやってこなければ、言語の入れ替わりは起こりえない。少数の渡来が長い年月続き、その都度、渡来人は「日本語を習得していった」と考えざるをえない。

奈良県南部の十津川《とつかわ》村とその周辺は、近畿地方に属しながら、なぜか、関東の言語によく似ている（乙種アクセント）。それはなぜかといえば、小泉保は『縄文語の発見』（青土社）の中で、柳田國男《やなぎたくにお》が提唱した「方言周圏論《しゅうけんろん》」（『蝸牛考《かぎゅうこう》』）が有力な武器になると考えた。「カタツムリ」を、近畿では「デデムシ」と呼び、外側の関東や北九州では「マイマイ」、東北や四国西部では「カタツムリ」と呼ぶ。柳田國男は、デデムシ→マイマイ→カタツムリという順に近畿地方から言葉が広がっていった結果、遠くに行くほど古い言葉が残っていると推理したのだ。つまり、弥生化していく近畿地方の中で、十津川周辺は取り残され、古い言葉が残ったと考えた。また、日本語はすでに縄文時代に完成していて、琉球縄文語は、縄文中期に本土縄文語と分離したと指摘したのである。

ちなみに、出雲の方言が東北地方とよく似ているのも、「方言周圏論」で説明がつくとする説もあるが、岡山県の人びとの口調も、関西弁とはかけ離れ、むしろ関東弁に近い。

奈良県十津川村

次のような指摘もある。

縄文の海人《あま》たちは、難所として名高い津軽海峡を普通に往き来して文化圏を形成していた。また、縄文の海人は沖縄から南西諸島を経由して、日本列島との間を往き来していたが、対馬《つしま》から朝鮮半島へは、交流の頻度《ひんど》が落ちる。それはなぜかというと、航海術が未熟だったからではなく、その当時は、言葉が通じなかったのではないかといい、すでに縄文時代、日本列島では日本語の原型が誕生していたのではないかと推理している（小林達雄《たつお》『縄文の思考』ちくま新書）。

この発想はおもしろい。その通りかもしれない。その後、次第に朝鮮半島南部と北部九州は、交流を重ねていくのだが、縄文時代の往き来は、比較的少なかった。

縄文時代とはどういう時代か

「縄文時代」とは、いったいどういう定義なのだろう。ありていにいってしまえば、縄文土器を使っていた時代をさす。今から一万六〇〇〇年前に日本列島に土器が出現し、独自に発達していった。

縄文土器は、装飾が個性的で、「縄状の文様」が施されていた。だから、縄文土器と呼ばれるようになったのだが、名付け親は、日本人ではない。

明治十年（一八七七）に来日したアメリカの動物学者エドワード・モースが大森《おおもり》貝塚（東京都品川区・大田区）を発見し、発掘調査をして縄文時代後期の土器が出土した。その紋様を「cord mark」と呼び、これが「縄紋《じょうもん》（文）」の名称につながっていったのだ。ただし、すべての縄文時代の土器に、縄紋が施されていたわけではないのだが……。

ちなみに、縄文土器の「縄文」が施文原体《せもんげんたい》（縄文を施す道具）を転がして描いていたことが判明したのは、昭和六年（一九三一）のことで、考古学者・山内清男《やまのうちすがお》が突きとめている。それまでは、「縄蓆文《じょうせき》（むしろを押しつけた文様）」と呼ばれていたのだ。

ところで、人類の進歩の段階を、世界の考古学では、石器時代、青銅器時代、鉄器時代の三期に分けている（三時代法）。どのような刃物の道具を使っていたのかによって、時代を分けたのだ。また、石器時代は、旧石器と新石器の二つの時代に分けられる。旧石器は鋭利な打製《だせい》石器で、黒曜石などを叩いて割って使う。

打製石器は侮れない。予想外によく切れるから、獣や魚の肉をさばくのに重宝したはずだ。鏃《やじり》にした場合、時に鉄製よりも威力を発揮することがあった。製作する時間も短く、武器に適していた。

縄文時代の新石器は石を磨いた磨製《ませい》石器のことで、この石器の出現も、大きな意味を持っていた。樹木を伐採する石斧《せきふ》が誕生したからだ。その威力たるや凄まじく、森林を畑にする力を持った。だから、世界中で、新石器時代に本格的な農耕が始められている。

縄文時代のあとに続く弥生時代は「弥生土器の時代」だが、青銅器と鉄器の両方が流入していたから、金属器の時代でもある。

日本列島の石器時代には、興味深いことが二つある。世界的に見て、珍しいことなのだ。まず第一に、旧石器時代、すでに「局部《きょくぶ》磨製石器」が生まれていた。

昭和二十一年（一九四六）に、アマチュア考古学者・相沢忠洋《あいざわただひろ》が岩宿《いわじゆく》遺跡（群馬県みどり市）の関東ローム層の中から日本で最初に旧石器を見つけたとき、学者は頭から否定した。その理由の一つは、黒曜石の鏃に混じって、局部磨製石器が含まれていたからだ。当時の常識では、「旧石器時代に磨製石器はなかった」はずだから、「素人学者の発見」は、無視されてしまったのだ。

これが、旧石器時代の局部磨製石器という謎だ。そして第二の謎は、新石器時代にある。農耕は新石器時代に始められるのが世界史の常識だが、なぜか日本列島では、縄文時代に本格的な農耕を行っていなかった。ここに大きな謎が隠されてい

現在の岩宿遺跡（上）と1949年9月11日に行われた明治大学考古学研究室による発掘調査の様子（明治大学博物館蔵）

岩宿遺跡から最初の発掘調査で発見された約3.5万年前の石器類（明治大学博物館蔵、写真：岩宿博物館）

る。縄文人の「レベルが低かった」のではなく、もっと別の理由があると思う。縄文人は、あえて本格的な農耕を避けていたようなのだ。その話は、徐々にしていこう。

戦後史学界を席巻していた唯物史観の弊害

農耕をする以前の狩猟採集の時代が縄文時代とする定義は、すでに戦前になされていた（一九三〇年代）。縄文人は先住民のアイヌ族と考えられてもいた。

すでに大正時代の一九一〇年代ごろから、科学的な研究が進み、土器の編年作業が始まっていたが、縄文は未開社会というイメージは、つきまとった。

この考えから先に進んだのが、山内清男だった。大陸との交渉がほとんどなく、農業を行った痕跡がない時代と、大陸と交渉を持ち農業が一般化した時代に区切り、紀元前二五〇〇年に始まる縄文土器の時代（当時はそう考えられていた）とそのあとに続く弥生時代の概念を明確にしたのだ。

ちなみに、新石器時代に入っても農耕を行わなかった縄文人を「高級狩猟民」と、山内は位置づけたのだった。

戦後になると、今度は唯物史観が、史学界を席巻してしまった。物質や経済、生産力という視点で歴史を捉え、「人間社会は段階的に発展し、最後は共産主義に行き着く」という考えで、農耕を行っていなかった縄文時代に対し、負の歴史的評価を下している。生産力は低く、無階級で、無私財であり、停滞の時代と見なした。採集生活には限界があり、呪術と因習も、弥生時代に大陸から新技術が導入されることによって、払拭されたと考える。歴史的発展は余剰と階級の差が生まれる農耕社会によってもたらされると、考えられていたのだ。

もし仮に、縄文時代を通じて、徐々に社会が発展し、成熟していったとしても、自然の再生産まかせで、これを越えることができないのだから、縄文社会には限界があり、後期から晩期にかけて呪術や祭祀が盛んになるのは、限界と矛盾の現れと、見なされた。入れ墨や抜歯《ばっし》の風習も、縄文社会停滞のシンボルと判断されてしまったのだ。そして、稲作技術が伝わり、ようやく、発展のチャンスを得たというわけである。

たしかに、縄文人は都市に暮らしていたわけではないし、国を形成していたわけでもない。のちの時代のような、階級社会が生まれていたわけでもない。文字もなかった。

そして、狩猟採集をして、獲物を獲得する生活では、歴史発展が進まなかったと信じられていたし、本格的に農業を始める「生産経済」になって、ようやく歴史は動き始めたと信じられていたのだ。教科書から縄文時代が消えてしまった理由も、ここにある。

ちなみに、戦前の皇国史観も、縄文時代を低く見ていた。近代化に出遅れた日本が、天皇を神格化し、神話を大々的に喧伝《けんでん》する一方で、石器時代人を「野蛮な先住民族の時代」と位置づけ、天孫降臨した日本民族が彼らを追い払ったという図式を用意した。この結果、戦後になっても、縄文時代は野蛮な原始人の社会という常識がまかり通ってしまったようなのだ。

縄文時代に対する見方が変わってきた

つい二十数年前のこと。縄文時代を礼讃し、縄文文化は日本固有だと称えれば、「夜郎自大《やろうじだい》なヤツ」とけなされ、へたすれば、「縄文右翼」と揶揄《やゆ》されたものだ（事実、そういわれたことがある）。

「何もかもが渡来人の仕業」と考えることが最先端、という風潮があったのだ。渡来系の人びとから、先進の文物をもらい受け、海外の文化を猿まねすることで、日本は成り立っていたという。

縄文時代の野蛮で未開な日本列島に、朝鮮半島から新たな文物がもたらされたことで、発展のチャンスがやってきた……。これが、常識のようになっていた。

しかし、人類は直線的、段階的に進歩していくという唯物史観の呪縛からようやく解き放たれようとしている。

たとえば谷口康浩《たにぐちやすひろ》は、次のように述べている。

狩猟採集社会と農耕社会という段階区分が絶対的な指標になりすぎているために、時代区分や通史が膠着し、過去との自由な対話が閉ざされてしまったような閉塞感がある（『縄文時代の考古学1　縄文文化の輪郭』小杉康《やすし》・谷口康浩・西田《にしだ》泰民《やすたみ》・水ノ江《みずのえ》和同《かずとも》・矢野健一編　同成社）

縄文時代を見直すという作業は、歴史の連続性を再確認することでもあると思う。狩猟社会が農耕社会に移行し発展していったというこれまでの常識を、疑ってかかる必要があるということだ。

物質と経済に重きを置いた唯物史観は、縄文人を「原始的な社会」と指摘し、これが大きな影響力を持ってしまったのだ。

しかし、イデオロギーや理屈に歴史を当てはめていくという発想そのものが間違っていたのだ。幸い、考古学の物証の積み重ねによって、新たな発想や仮説が次々と飛び出すようになった。そしていよいよ、事実が思想（思い込み）を凌駕《りょうが》するに至ったのである。

一九八〇年ごろからあと、縄文時代に対する見方が変わってきた。縄文人の「高度な資源利用技術や管理技術（特に、植物の利用法）」が判明してきて、彼らがただの狩猟民族ではなかったことが次第に明らかになってきたのだ。

たとえばクリなどの植物の栽培やイノシシの飼育を行っていたことがわかってきた。建築材に使われる木材は耐久性に優れたクリの木が多く、しかもその使用量が「自然に生えている木を切ってきた」レベルではなく、またクリの生長が、自然木よりも速かった。

縄文時代前期後葉に縄文人は集落を構成するようになったが、花粉分析によって、ちょうどこのころから、ナラ類やブナなどの落葉広葉樹が減り、クリが急速に増えていったこともわかっている。クリの自生する北限の北海道でも、縄文前期後葉にクリが増えていく。人が手を加えて、クリを増やしていったと推理されていた。この仮説はのちに、三内丸山遺跡（青森県青森市）が発見されて、証明されていくのだが……。

ちなみに、鉄道の防風林にクリが多く用いられたが、クリの木は固く丈夫なので、鉄道の枕木《まくらぎ》に使われ、一石二鳥の働きをしていた（それはともかく）。

縄文時代後期から晩期にかけて、すでにイネ（陸稲）や雑穀が栽培されていたことがわかってきた。イネや雑穀の原生種は存在しない（イヌビエは例外）から、朝鮮半島や大陸から、タネがもたらされたのだろう（当然だ）。

旧石器時代の意外な側面

そこでいよいよ、最新の研究によって縄文時代がどのように捉えられるようになったのか説明していきたいが、その前に、縄文時代よりも古い旧石器時代について考えておこう。

平成十二年（二〇〇〇）に、「旧石器」にまつわる忌まわしい捏造《ねつぞう》事件が発覚した。奇跡的な発見がひとりの考古学研究家によってくり返されていたが、自作自演の捏造だったことが、スクープされた。もちろん一時、考古学界は消沈したものだが、それでも近年、「旧石器時代の意外な側面」が、次々と明らかにされている。

日本に旧石器時代はなかったと信じられていたが、先述の相沢忠洋の執念も実り、旧石器時代の日本列島の姿が、次第に明らかになってきたのだ。

人類（ホモサピエンス）はアフリカから拡散し、今から三万八〇〇〇年前、日本列島にも人がやってきた。最終氷期の最寒冷期で、海面が下がり海峡が陸続きだったからだ。日本列島の旧石器時代の第Ⅰ期にあたる。

そして、第Ⅲ期に新たに人がやってくる。つまり旧石器時代にも、旧移住と新移住の、二つの波があったのだ。そして、彼ら二つの移住者が、日本列島に文化の基層を築いている。その様子を、俯瞰《ふかん》してみよう。

まず、日本の旧石器時代の第Ⅰ期の文化を特徴づける要素は、四つある。

（1）三種類のナイフ形石器が存在したこと

（2）打製石器だが、石器を割って刃をつけたあと磨く、いわゆる局部磨製石器が作られていた

（3）環状の巨大なムラ（もちろん住居があった）の痕跡が見つかっている

（4）石器を作るための石材に恵まれていた。特に黒曜石が豊富だった

この四つの条件をすべて満たすのは、日本だけなのだ（なぜだろう）。しかも、次に述べる「旧石器古道」の周辺だけなのだ。

すでにこのころ、人びとは舟に乗っていて、船着場を築き、神津島《こうづしま》（東京都神津

旧石器古道

※安蒜政雄『旧石器時代人の知恵』（新日本出版社）掲載

島村）から黒曜石を運んでいる。局部磨製石器は、舟を作るための道具だった可能性がある。また彼らは、主に関東と中部地方に暮らしていた。

日本海側から信濃《しなの》川をさかのぼって佐久《さく》（長野県佐久市）のあたりから碓氷《うすい》峠を下って、旧利根《とね》川を東京湾に向かうラインが、この時代の旧石器人の重要なルート「旧石器古道」だった。

中部高地には、黒曜石の産地が存在した（霧ケ峰《きりがみね》）。また、静岡県の愛鷹《あしたか》山麓や、南関東の千葉、神奈川、東京、埼玉、茨城の常総《じょうそう》台地が、この時代の大切な狩場だった。

旧石器時代の局部磨製石器の多くは、この旧石器古道で見つかっていて（有名な岩宿遺跡が含まれる）、安蒜政雄《あんびるまさお》は「最初の日本列島らしさは、旧石器古道で萌芽し、狩場の三角地帯で育まれた」といっている（『旧石器時代人の知恵』新日本出版社）。

そして、ここに、「日本らしさの種が蒔《ま》かれた」という。旧石器時代も、無視できないのである。

東アジアの東西の石器文化が日本を二分した

ただし、不思議なことに、第Ⅱ期に入ると、環状のムラと局部磨製石器が消えてしまう。第Ⅲ期にわたり、最終氷期最寒冷期にさしかかったためらしい。文化の衰退である。そして、第Ⅲ期に、南方系の人びとが九州を経由して、新移住があった。最寒冷期だったから、獲物を追って日本列島にやってきたのだろうか。大量の移住があったようだ。各地で遺跡の数が激増するが、その波は、西から東に向かうも、「旧石器古道」まで来て止まってしまう（理由はわかっていない）。

同じ時期に、北海道にも、北方系の新移住があった。そして第Ⅳ期に、本州に移り、南下していき、第Ⅴ期に、例の「関東の狩場」の東側にやってきて、旧石器古道を挟んで、二つの勢力圏が生まれたのだった。しかもここに、東アジアを右（東）と左（西）に向かい、ぐるりとめぐってきた二つの石器文化が、日本列島に入ってぶつかったのだ。旧石器古道は、図らずも、東アジアの環日本海旧石器文化回廊の終着点になったのである。

旧石器古道は、その時代の東西の境目になったが、やがて温暖化が進んで縄文時代が到来すると、文化の境界は、西側の関ヶ原《せきがはら》（岐阜県関ケ原町）や高山本線のあたりに移っていったわけである。

この、日本海と太平洋をつなぐ旧石器古道は、古墳時代にヤマトと関東をつなぐ大切なルートとなり、巨大古墳は、群馬県に集中し、旧利根川を下った東京湾沿岸部（千葉県）にも、巨大古墳が出現していた。これも、旧石器時代人が作り上げた文化の道をなぞっていたとすれば、歴史の奥の深さを感じずにはいられないのである。

旧石器時代人は、ムラを作り、家を作っていたといったが、その証拠の一つが赤《あか》城《ぎ》山麓の下触牛伏《しもふれうしぶせ》遺跡（群馬県伊勢崎市）で、三万五〇〇〇〜二万八〇〇〇年前のムラだ。古墳時代の竪穴《たてあな》式住居を発掘しているときに、偶然見つかった。竪穴式住居の住人が、たまたま旧石器時代の地層（関東ローム層）まで、床を掘り下げていたため、旧石器が発見され、しかも直径五〇メートルの正円形に住居が並ぶ集落が再現できたのだ。ただし、ここに定住していたのではなく、大型獣を狩猟するためのベースキャンプにしていたと考えられている（小菅将夫《こすげまさお》『シリーズ「遺跡を学ぶ」030　赤城山麓の三万年前のムラ　下触牛伏遺跡』新泉社）。

この円形に配列された住居跡（環状ブロック）は、のちの縄文早期末に関東で作られ始める環状集落の原点ではないかと考えられるようになってきた。旧石器時代人も、原始人と切り捨てることはできないのである。

そしてこのあと、旧石器時代人が土器を手に入れ、縄文人となっていく。

近代日本人が縄文人を野蛮視した

あらかじめお断りしておくが、日本列島にかつて、「縄文人」という単独の民族が存在したわけではない。すでに述べたように、旧石器時代に多くの人びとがいろいろな場所から日本列島に流れ込み、縄文時代にも、さまざまな人びとが日本列島にやってきた。そしてその後一万年以上の間、日本列島の中で融合し、地域ごとに異なる面も併せ持ちながらも、ほぼ共通する文化を熟成させていった。われわれはその日本列島内で、おそらく共通の言語を語り（方言もあっただろう）、よく似た土器を使っていた。この一万年の歴史を積み重ねていた人たちを、暫定的に「縄文人」と呼んでいるに過ぎない。

ただし、強調しておきたいのは、日本列島が東海の孤島だったこと、この島国を席巻するような勢力が大挙して到来することはなかっただろうこと、縄文人（列島人）が一万年という年月をかけて、他の世界にはなかった独自の文化と信仰を育んでいったことなのだ。そして、だからこそ、縄文時代の生活や習慣が継承され、縄文の精神が日本人の三つ子の魂になったのであって、一万年という時間こそ、日本人の揺籃《ようらん》期になったと思うのである。

そこでいよいよ、縄文人を、掘り下げていこう。

縄文時代が始まった時期に関して、長い間紀元前四〇〇〇〜五〇〇〇年と考えられてきたが、炭素14年代法（放射性炭素C14の半減期が約五七〇〇年という性格を利用して遺物の実年代を測る方法）の出現で、一気に一万三〇〇〇年前にさかのぼるようになった。さらに、炭素14年代法も、放射性炭素が、一定に減っていくわけではなく、微妙に誤差を修正する必要がある。そこで、修正してみると、縄文時代の始まりの「較正《こうせい》年代」は、一万六〇〇〇年前ではないかと、考えられるようになった（青森県の大平山元《おおだいやまもと》Ⅰ遺跡から出土した無文《むもん》土器片から割り出された）。氷河時代が終わって、温暖な気候がめぐってきて、縄文文化も花開いたのだ。そして、縄文土器も、世界的に見て、最古級の土器と考えられるようになった。世界最古の可能性もある。ただし、やはり最古級の土器が見つかるシベリアや沿海州《えんかい》の発掘が遅れているために、さらに古い土器が出土する可能性がある。

代表的な縄文土器の一つとされる火焔土器（A式1号。新潟県長岡市教育委員会提供）

また、縄文時代の終焉（弥生時代の始まり）の時期に関しても、大きく見方が変わってきた。紀元前三〇〇年と考えられていた時代もあったが、次第に古くなり、やはり炭素14年代法によって、今では、紀元前十世紀後半の可能性が高くなってきた。この結果、「北部九州に渡来人が稲作をもたらし、一気に日本列島を稲作文化が席巻した」というかつての常識は、通用しなくなった。北部九州から、徐々に東に稲作文化は伝えられていったと修正されているのだ（のちに詳述）。

縄文の年代観だけでなく、縄文文化に関しても、見方は変わってきている。かつて縄文人といえば、狩猟採集に明け暮れ、移動生活をしていた野蛮人と見なされていた。縄文時代は、原始時代と同意語だったのだから、隔世の感がある。

平成六年（一九九四）に青森県青森市で三内丸山遺跡が発見されたころから、縄文見直し論が徐々に高まってきたが、それ以前、地方の「実際に遺跡を発掘している考古学者」たちは、縄文の実力を、すでに高く評価していた。資料館などでお話を伺うと、「すべて渡来人の仕業と考えることはできない」と、しきりに訴えられ、また、「縄文の習俗は消えたわけではない」と、口々におっしゃっていた。特に、渡来系の影響を強く受けたと思われる日本海側の北部九州や山陰地方の考古学者たちは、古い史学者や歴史愛好家が、「なんでもかんでも渡来人の影響」と信じる傾向にあったことを嘆かれていた。その苦々しい表情を、よく覚えている。

三内丸山遺跡の衝撃

日本人は縄文時代に関して無関心だったが、三内丸山遺跡の発見によって、マスコミがまず飛びつき、縄文人に対する認識は、確実に変わったのだ。そこで、少し三内丸山遺跡について、考えておきたい。

平成四年（一九九二）に、県総合運動公園拡張事業の野球場建設にともない、発掘調査は始まった。江戸時代前半から、「ここには何かある」と、気付かれてはいた。一帯から土器や人形（土偶）が出てくると十七世紀には記録され、十八世紀末には、土器や土偶のスケッチが描かれていた。

実際にトレンチを入れてみると、厚さ二メートル以上の遺物包含層《ほうがん》が出現した。遺物包含層に厚さがあり、遺跡が長く続いていたことになる。発掘の結果、今から五五〇〇年から四〇〇〇年前に至る一五〇〇年の間、人が住み続けていたこともわかってきた。

平成六年（一九九四）に、四五〇〇年前の縄文時代中期後半の直径一メートルのクリの巨木を用いた大型掘立柱《ほったてばしら》建物跡が発見され、ついに保存運動が巻き起こり、見事な遺跡公園が整備された。

岡田康博《おかだやすひろ》（三内丸山遺跡の調査責任者）は、三内丸山遺跡の特徴を三つのキーワードを用いて表現する（NHK三内丸山プロジェクト・岡田康博編『縄文文化を掘る』NHKライブラリー）。

（1）大きい

遺跡の推定範囲は、約三五ヘクタールで、東京ドーム七個分、最大級の縄文遺跡だ。しかも、計画的に住居、墓、倉庫、ゴミ捨て場が配置されていた。

（2）長い

土器の編年から、縄文時代前期から中期にかけての約一五〇〇年間、遺跡が継続していたことがわかった。

（3）多い

出土遺物の量が、厖大《ぼうだい》だった。縄文遺跡の宝庫・青森県全体の四〇年分の遺物が、一つの遺跡から出現した。

三内丸山遺跡の発見によって、かつての常識は覆された……。ただし、「それ以前からわかっていたことを、再確認しただけだ」と、指摘する考古学者も多い。一

三内丸山遺跡に復元された大型掘立柱建物（左）と大型竪穴建物（右）

般の人が知らなかった縄文の実力を、三内丸山遺跡の発見に驚いたマスコミが、大きく報道して世に知らしめたのが、本当のところなのだ（もちろん新発見もあったが）。

ならば、縄文人の野蛮人のイメージを払拭するだけの材料とは、どのようなものだったのか。

縄文観を塗り替えた三内丸山遺跡

三内丸山遺跡を象徴するのは、大型掘立柱建物跡だ。掘立柱は、穴を掘って礎石を用いず直接柱を建てる方法だ。それは、集落の北西の端、台地の縁に建っていた。直径二メートル、深さ二メートルの柱穴が四・二メートル間隔で三本、これが二列あって、それぞれの穴に直径一メートルを超えるクリの巨大木柱が屹立《きつりつ》していたと推定された。

六本の柱はトーテムポールのように立っていたのではないかとする説があったが、柱が二度ほど内向きに傾いていることから、建物説が生まれた。土台には、砂と粘土を入れて、固く叩いている。柱穴の土壌を分析した結果、一平方メートルあたり一六トンの荷重がかかっていたこともわかっていて、高さ一七メートル程度の柱が立っていたことがわかり、現在では、建物説に従って巨大タワーが復元されている。

この大型掘立柱建物跡のすぐ脇に、大型住居跡が存在する。長さは三二メートル、幅九・八メートルの楕円《だえん》形だ。住居ではなく、集会所か厳冬期の作業場とする考えもある。いずれにせよ、縄文人が現代人の想像を遥かに超える巨大建造物を作る知恵と技術を持っていたことが明らかになったのだ。

三内丸山遺跡から出土した他のクリのDNAを調べてみると、特定のパターンがそろっていた。

木製や骨角製などの多種多様な道具が使用されていたこともわかった。

縄文尺（長さの基準。三五センチメートル）が存在したこともわかっている。この尺は、福井県から北海道に至る縄文時代の他の大型住居跡にも当てはまり、各地で供用されていたことがわかる。

さらに大切なことは、いろいろな地域と交流し、交易をしていたことで、黒曜石は、北海道十勝《とかち》、秋田県男鹿《おが》、長野県霧ヶ峰などのものを使い、接着剤に用いたアスファルトは秋田県から、ヒスイも、約六〇〇キロメートル離れた新潟県糸魚川《いといがわ》市から流入している。また、四〇〇〇年前の三内丸山遺跡から出土した円筒《えんとう》土器と同型の代物が中国大陸で発見されている。

中国だけではない。三内丸山遺跡は北の文化ともつながっていた。北海道の西海岸、サハリンの西海岸、シベリアの東北との交流が盛んだった。中国との往き来もあって、日本海の時計回りの航路が利用されていた可能性も出てきた。

縄文時代に階級の差が生まれていた

かつて、縄文社会は平等で上下貴賤の差はないと信じられていた。農耕が本格化した弥生時代に至って、階級差が生まれたと考えられていたのだ。特に、唯物史観が、この考えを後押ししていた。実際、縄文人の集落は、真ん中に広場があって、その周りを住居が囲んでいたために、「仲良しで、平等」な姿に映ったのだ。

しかし、多くの遺跡が発掘されて、縄文時代に、階級の差が存在したことがわかってきた。集落の住居も、均等に並んでいたのではなく、グループ分けがあった。住居や墓は、同じように造られていたわけではなく、配置や種類、墓の場合副葬品にも差が見られる。「部族」や「氏族」の違いも認識されていたようだ。

たとえば、三内丸山遺跡の南西斜面の環状配石遺跡の下層部から、土坑墓《どこうぼ》三基が重なって見つかり、北側に隣接する遺構からも、土坑墓の遺構二基が発見された。同じ場所への埋葬にこだわっていたことがわかる。

松木《まつぎ》武彦《たけひこ》は、「個体どうしが競争することは、生物の本質だ」といい、「ホモ・サピエンスの社会は、根本的には、時代を問わず不平等だということだ。むろん、縄文社会も例外ではない」と、考える（『日本の歴史一　旧石器・縄文・弥生・古墳時代　列島創世記』小学館）。原則論としては、これは当然のことかもしれない。

ただし、縄文時代の階級の差は、われわれの想像するものとは異なるようだ。少なくとも、縄文時代に組織的な戦争はほとんど起きていないようだから、強い王を求めた様子もない。むしろ独裁者の出現を嫌っていた可能性が高い（のちに触れる）。

また渡辺仁《わたなべひとし》は、『縄文式階層化社会』（六一書房）の中で、北太平洋沿岸部（北海道アイヌや北西海岸インディアン）のように、特殊条件下では、石器時代でも階層化が起こりうると指摘している。しかも、それは単純な経済や技術の分化から起きるわけではないというのだ。単純に富を蓄えた者が貧しい者を力で支配するのではなく、「不可分の信仰・儀礼の分化を伴う点」に特徴があるという。

縄文社会の階層化の証拠の一つが装飾的な縄文土器で、非実用的（宗教的、芸術的）な土器を作らせ手に入れることができる富者と貧者の差ができたといっている。非実用的工芸が発達したのは、威信経済が存在したからで、しかも集団儀礼が発達した社会だからこそ成り立ったのだ。そしてそれは、「自然界との儀礼的関係即ち神々との関係の深さの差を意味する」といい、単純な権力社会ではないという。

さらに渡辺仁は、縄文から弥生への移り変わりは革命ではなく進化で、縄文社会のエリート（上層部）が高度の知識を持ち、スペシャリストだったからこそ、なしえたというのである。

東と西の文化と嗜好の差

三内丸山遺跡の様子がわかったところで、縄文時代を知る上での重要な情報を拾い上げておこう。

先ほど登場した山内清男は、地道な研究の経験から、縄文時代の人口が東に偏《かたよ》っていることを指摘した。総人口は約二五万人で、割合は、東が四に対し、西は一だと推理したのだった。その後小山修三《こやましゅうぞう》が、統計学の手法を駆使し、縄文時代を区分（前期、中期、後期、そのあとが弥生時代）し、遺跡数を集計し、戸籍のあった八世紀中ごろの人口を参考に、地域ごと、時代ごとの人口を推定した。その結果、中期の人口がもっとも多く、二六万人と推理した。また、縄文時代の人口は、やはり東側に偏っていたと指摘し、しかも、山内清男の推理よりも、さらに東に偏在していたと推定したのだった。ただし、後期と晩期には、西日本の人口が増え始めるという。

また、縄文時代晩期の東西を二分する土器文化圏があって、東の亀ヶ岡《かめがおか》文化圏と西の突帯文《とったいもん》文化圏は、まさに関ヶ原と高山本線付近で交わっている。

東西の縄文人の石器にも、大きな差があった。西日本では、植物性食料を調達するための道具が珍重され、かたや東日本では、動物性食料の調達、調理のための石器が目立つという。

ちなみに、縄文時代に東側に人びとが偏って住んでいたために、現代日本にも、東西の文化、嗜好《しこう》の差が、明確に残っている。そして境目は、関ヶ原付近から、名古屋と富山を結ぶ高山本線の間ぐらいに横たわっている。

まず、目に見える形でわかるのは、立ち食いそばの汁の色だろう。東は「濃口醤油」を使った黒っぽい汁。西側に行くと、「薄口醤油」を用いた透明感のある汁だ。言葉も、「いる」「おる」の差があり、アクセントやイントネーションも異なる。たとえば同じ「ハシ」(箸、橋)だが、東西では逆になる。

東の四角い餅、西の丸い餅。お雑煮のお餅も東は焼いて煮る。西では、ただ煮るだけ。西の「風呂」と東の「湯」も、意外な違いだ。東は豚肉を好み、西は牛肉を食す。これは、西国では牛で田畑を耕していたためらしい。東国に多かったのは馬で、すでに五世紀以降、長野県や群馬県では盛んに馬を飼っていた。関東の軍団が強かった理由も、騎馬戦を得意としていたからだ。逆に西日本で発達したのは水軍で、瀬戸内海という大動脈が西日本の発展を支えていた。

縄文人は家の真ん中で火を焚《た》いたから、囲炉裏《いろり》となり、西では、渡来系稲作民がカマドの文化を持ち込んで、これが伝統になった。

東日本に、縄文人が偏在していたことは間違いない。いろいろな要因が考えられるが、その一つに、「サケの遡上する川」を入れてもよいと思う。サケは東日本の川で捕れる。ちなみに、一番西端は、兵庫県の日本海側の円山川《まるやま》（豊岡市）で、ここがアメノヒボコの拠点だったことも、無視できない。

余談になるが、『日本書紀』にアメノヒボコは「渡来してきて但馬《たじま》に拠点を構えた新羅《しらぎ》王子」と出てくる。しかし筆者は、アメノヒボコは但馬（多婆那国《たばな》）から鉄を求めて朝鮮半島に渡り、成功して戻ってきた「だれか」をモデルにして創作された人物ではないかと疑っている（『海峡を往還する神々』PHP文庫）。アメノヒボコや一族は、「縄文の海人の末裔」であり、だからこそ、果敢に日本海に舟を漕ぎ出したのだろう。

呪術的行為に振り回された縄文時代？

考古学者の地道な研究によって、縄文時代に対する見方は、大きく変わった。けれども、実際のところ、考古学者だけでなく史学者たちも含めて、縄文時代をどのように捉えているのだろう。「縄文時代の何がすごいのか」ばかりに注目していないで、改めて、学説を整理してみよう。

縄文に対する評価は、大きく三つに分かれる。

（1）縄文時代は余剰生産を拡大再生産できず、不安定で停滞の時代と見なす考え。

（2）縄文時代は発展の時代で、経済と文化の蓄積が形成され、稲作を受け入れる下地を作った。

（3）縄文時代は狩猟採集から稲作への橋渡し役ではなく、独自の資源利用を行い、多種多様な資源を分け隔てなく利用して安定を図る「縄文姿勢方針」を貫いた。

順番に説明していこう。

史的唯物論の立場で縄文時代を見つめ直す勅使河原彰《てしがわらあきら》は、縄文時代を停滞の時代と見なしている。

日本列島各地の地形は、小規模で箱庭的で、季節がはっきりと変化する。この狩猟採集民の縄文人にとっては過ごしやすい場所だったこと、そのため、たしかに世界で類を見ないほどの豊かな社会を築いたことを、まず認めている。

たとえば縄文時代前期以降になると、世界の採集民族と比べて、食料が豊かになり、縄文人たちは虫歯に悩まされていた。農耕民と同じぐらいの割合だった。あるいは、江戸時代の日本人と同レベルでもある。堅果《けんか》類のあく抜き技術を手に入れたことによって、大量の炭水化物を食すようになったのだ。

だが、余剰を拡大再生産することはできず、右肩上がりに成長することはできなかった。特に東日本の遺跡は増減をくり返し、安定した発展はなかったと指摘する。生産は気候条件などの影響を強く受けたのだ。

縄文中期の関東と中部地方など東日本の遺跡の数は増加し、繁栄を誇るが、食料資源の枯渇《こかつ》という壁が立ちはだかり、さらに縄文中期後半になると、冷涼で湿潤な環境に悪化し、矛盾がピークに達し、遺跡が激減してしまった。

気温低下は縄文晩期まで続き、漁撈《ぎょろう》活動にも支障をきたした。貝塚はみすぼらしくなり、獣の骨が増加した。ここに、獲得経済社会の限界があったという。生産用具などの改良でも、まかないきれなかったというのだ。縄文人が人口を増やせば、自然物の取り過ぎとなり、人口は減少する。この盛衰をくり返してしまう……。

このように指摘し、縄文時代は豊かだったが、不安定だったという。

縄文社会がもっていた基本的な弱点は、まさに人間と自然との間におこる対立関係であった（『縄文文化』新日本新書）

また、縄文社会が抱える矛盾によって、余剰生産物は累積されず、成長の糧にもならず、自然の摂理に対する畏怖《いふ》のために、呪術的行為に振り向けられたと推理している。

縄文時代を過大評価してはならない

今村啓爾《いまむらけいじ》は『日本史リブレット2　縄文の豊かさと限界』（山川出版社）の中で、

市販されている縄文にまつわる書籍や新聞の記事、テレビの報道は、誤解を招いていると苦言を呈している。縄文遺跡の「一番古い」「一番大きい」「一番優れている発見」ばかりクローズアップしているからだ。縄文人は、大自然の中で自由で豊かな暮らしを謳歌《おうか》していたと勘違いしやすく、縄文時代がユートピアだったかのようなイメージを勝手に抱いてしまうと指摘し、

限られた技術で自然の生み出すものに依存した縄文文化がそのように豊かであるはずはない（前掲書）

と、手厳しい。不安定な社会だったという。

ここまでは、第一の評価だ。

佐々木高明《ささきこうめい》は、第二の評価を掲げている。東アジア全体を見渡し、南北に大きく分かれる二つの自然（植生、森林帯）と文化類型を想定し、縄文時代の東西日本をこれに当てはめた。

北側のコナラ属の樹木が中心となる「ナラ林帯」（落葉広葉樹林。中国の東北部か

ら朝鮮半島北部、隣接する沿海州やアムール川流域、東北日本）と南側の常緑のカシ類などが茂る「照葉《しょうよう》樹林帯」（常緑広葉樹林。ヒマラヤ中腹から西南日本に至る地域。雲《うん》南《なん》が中心）に分類した。それぞれに、自然に根ざした固有の文化が脈打っているといい、東アジアを南北に分ける二つの文化圏をそれぞれ「ナラ林文化」と「照葉樹林文化」と名付けたのだ。この植生の差が、東西日本の文化と嗜好の差になったことになる。

その上で佐々木高明は、東アジアのナラ林帯では、縄文時代に縄文人と同じような食料採集民の文化が広まっていたと指摘し、東アジアで始まったアワ、キビ、オオムギ、豆などの栽培植物が、同じ文化圏から日本列島にも伝わったと考える。

そしてもう一つ、ナラ林帯よりも大きな影響を及ぼしたのが、東アジアの照葉樹林帯だという。

照葉樹林帯での生業《なりわい》は、狩猟、漁撈、採集活動が中心だが、半栽培植物の利用の始まったプレ農耕段階、雑穀栽培を主とした焼畑《やきはた》農耕段階を経て、水田稲作が採り入れられていく。西日本は、この影響を強く受けたと指摘した。さらに、日本の古い民俗慣行の中にも、照葉樹林文化が色濃く反映しているという。

縄文時代の栽培植物は、前期から始まって時間を追うごとに増えていくが、西日本には、プレ農耕段階の照葉樹林文化が流入し、定着し、縄文文化の東西差を強くしていく要因になった。もちろん、だからこそ、弥生時代の始まりとともに、西日本では稲作が受け入れられていったわけであり、縄文時代は水田稲作を始める準備段階ということになる。

ただし佐々木高明は、縄文時代の農耕を過剰に評価してはならないと、釘をさす。縄文時代前期から中期にかけて見つかっている作物の数は少なく、またデンプン（エネルギー供給源）がほとんどない。つまり、主食を作っていたわけではなかったのだ（『日本の歴史1　日本史誕生』集英社）。

第二の道具と縄文カレンダー

次に、第三の評価だ。

旧石器時代と縄文時代の差に、「食料を計画的に採取し保存する」ことが挙げられる。お腹がすいたから食べ物を探す状態から、一歩前進し、狩猟・漁撈・採集経済の第二段階に至り、土器を使って加熱し（主に煮る）、多種多様な食料を摂取できるようになったからこそ、集落を形成し、定住することができたという。

縄文生活の利点は、ありとあらゆる食料を手に入れられたことで、少ない食料に偏らないため、自然の変節に対応し、安定した生活を送ることができるようになったというのだ。

植物だけではなく、狩りで捕まえる動物も、シカ、イノシシ、クマ、イルカ、クジラ、さらには、トド、オットセイ、アザラシ、ウサギ、タヌキ、オオカミ、ヤマネコ、ムササビ、オコジョ、テン、ネズミなどなど、多種類の動物を捕獲し食した。そしてもちろん、サケや貝などの魚介類、鳥類も好んで食している。昆虫も食べていたと思われる。そして主食は、クリ、クルミ、トチ、ドングリなど、堅果類だ。

クリなどの栽培や、イノシシの飼育もすでに始まっていたようだ。ただし、小林達雄は縄文人たちに農耕をしている自覚と評価があったのかというと、疑わしく、これらの事例は、「自然の人工化」と考えるべきだと指摘している。これこそ、「縄文姿勢方針」に則《のっと》った多種多様な資源利用の一環に過ぎないという。それは、農耕ではなく栽培（自然の社会化の一部）だというのだ（『縄文人の世界』朝日選書）。

もっとも、小林達雄は縄文人を野蛮な人びとと見なしているわけではない。旧石器時代から土器を使用する技術的革新性、造形的革新性を生み出したと見なし、それを「縄文革命」と呼んでいる（くどいようだが、「土器」が日本で発明されたのか、東アジアのどこかから伝わったのかに関しては、はっきりとはわかっていない。ただし、縄文土器は、世界最古級の土器であることは、間違いない）。

そして、小林達雄は、縄文人が食料にした植物や動物の資源が、一年間を通して存在したわけではなく、季節ごとに増減をくり返していたこと、縄文人は、それらの変化に順応、同調し、自然の流れに乗り、自然の恵みを計画的に、積極的に活用していったことに注目した。特に、縄文中期以降、呪術に用いる道具（小林達雄はこれを第二の道具と呼んでいる）が発達し、一年を通じた日々の中に、儀礼が固定化された。じつはこれが、食料生産と大いにかかわっていたと説く。そして、この秩序こそが、自然との共生の基礎となり、彼らの計画的な年間スケジュールを、「縄文カレンダー」と名付けたのだった。

このように、かつての、「野蛮で未開な縄文時代」という常識は、消え去ったのだ。

だがその一方で、

「たしかに縄文人は世界の狩猟採集民よりも豊かな生活を送っていたが、だからといって、人口爆発を起こしたわけではなく、面積あたりの頭数は、世界の狩猟民族の水準と変わらなかった」

と、冷めた見方をする考古学者も多い。

手放しの縄文礼讃には首をひねるが、縄文時代の日本は個性的で、独自の文化を花開かせていたことは間違いない。考古学者が多くの資料を提出し、いろいろな発想が飛び出してくることは、じつに、歓迎すべきことだ。議論をくり返し、アイディアを寄せ集めて、新しい縄文観を構築する必要がある。

決して縄文時代は、停滞の時代ではない。ただし、水田稲作を選ばなかったことも、一方の事実で、大きな謎なのだ。彼らはでくの坊でも、怠けていたのでもない。ここに、縄文人の思想を感じなければならないと思う。彼らは、何かを恐れていたのだと思う。それが何だったのか、ゆっくりと考えていきたい。

第二章

日本人はどこから来たのか

一万年という民族の揺籃期

すでに触れたように、日本列島に「縄文人」という民族が暮らしていたわけではない。縄文人自身も、何度か複数の大きな渡来の波を経験し、あるいは、無数の家族単位のボートピープルが海を渡っただろうし、複雑な血の交流を経て生まれた人たちだった。

ただ、大陸と決定的に条件が異なるのは、陸続きではなかったということで（当然すぎることだが、ここが重要）、一万年という年月、独自の文化を育むことができたのだ。強い征服者が列島を蹂躙《じゅうりん》したわけではなく、何度かの渡来の波があったとしても、緩やかに混血し、融合し、四季の移り変わりの中で、ガラパゴス諸島の動物たちのように、独自の生活を送るようになっていったと考えられる。この一万年の民族の揺籃期に、じつにユニークで、他に例を見ない文化を花開かせていたことは、縄文土器や土偶を見れば、よくわかる。

ただし、くどいようだが、「縄文人」「縄文文化」は、使い勝手がよいからそう呼んでいるだけで、「縄文人」という単一の民族が存在していたわけではないし、縄文文化といっても、ひとくくりにして語れるものでもない。第一、「縄文時代と弥生時代のはっきりとした境界線が、わからなくなってきた」と、考古学者たちは頭を抱えているぐらいなのだ（のちに説明する）。一万年の日本列島の文化を、たった一言で片づけるのは、じつに乱暴な話なのだ。

とはいっても、縄文人たちは「歴史」を語ってくれないから、土器や石器などの、物証だけで、この時代を類推するほかはなく、やむなく、「縄文時代」「縄文文化」という、雑な括り方をしているに過ぎない。ここは、忘れてはならないことだ。

ちなみに、なぜ縄文人は文字を持たなかったのかといえば、それは、組織的な戦争をしていなかったところに、大きな要因が隠されていると思う。

文字がなくとも歴史は残る。敗者の恨み、勝者のおごりがあれば、歴史は語り継がれる。語り部《べ》の本当の役割は、勝者を呪い、恨む気持ちを後世に残すことだろう。それを文字に起こせば、稗史《はいし》（民間の歴史書。正史と区別される）となる。のちに勝者によって描かれた歴史書（正史）とは異なる伝承が残されたなら、そこに何かしらの政権側の不正義を疑う必要がある。ちなみに、出雲に古代の国造家《こくそうけ》が生き続け、語り部が実在するのは、悲惨な事件が実際に起こっていて、しかもいまだに歴史の清算が済んでいなかったからだと筆者は勘ぐっている。

それはともかく、縄文時代に争いがなかったわけではない。人を殺していた証拠は見つかっている。恨みを抱いていたのだろうか。残虐な手口で殺されていた遺骸もある。けれども、集団対集団の戦争の証拠は挙がっていない。弥生時代のような防御のための厳重な守りをとることもなかった。縄文人は、弥生時代と比べれば、平和な時代を送っていた。だから、文字を生んで記録するという発想も芽生えなかったのだろう。

『日本書紀』や『古事記』の神話で、争いごとや罪と罰の多くが稲作にまつわる事件だったことは、無視できない。神話も、一種の歴史であり、稲作と戦争の記憶が、残っていたのだろう。

日本人はどこからやってきたのか

そこでまず考えておきたいのは、縄文人の正体である。彼らはどこから、なぜ、日本列島にやってきたのだろう。そして縄文人は、われわれの先祖なのか、あるい

二重構造モデル

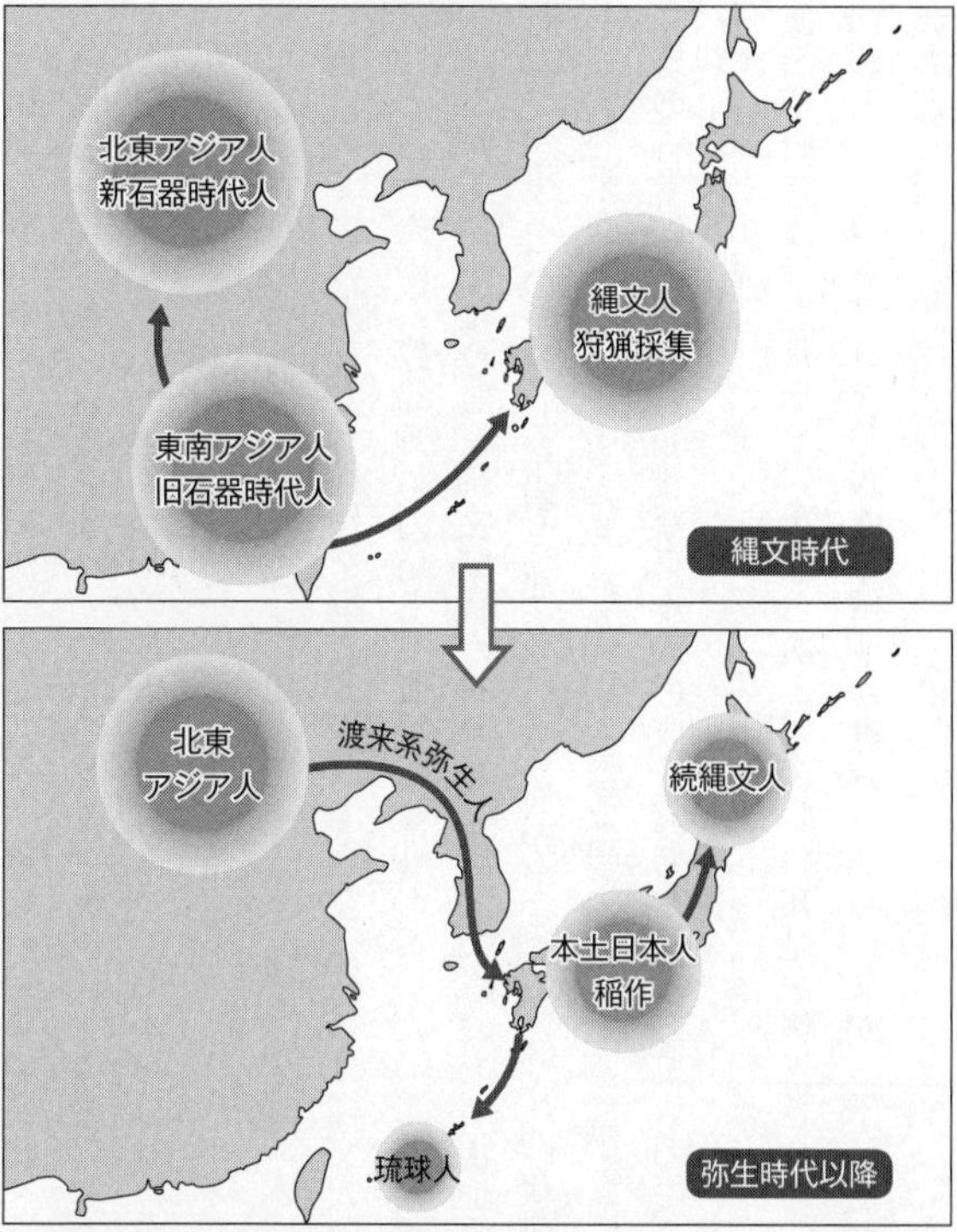

人類学者の故・埴原和郎氏が提唱した理論で、現代日本人は、東南アジアから日本列島に入った基層集団（縄文人）に、弥生時代以降、北東アジア起源の渡来系集団が混血することにより形成されたとする理論。渡来系集団は、北部九州及び山口県地方から進入し日本列島に拡散したので、周縁部のアイヌ、琉球人の人びとは本土人と混血の度合いが違い、形態的な違いが生じたとする。

※『歴史REAL　日本人の起源』（洋泉社）掲載の図（P27）を参照

は、そのあとやってくる新来の渡来人たちが、縄文一万年の文化を呑み込み、縄文人の末裔も、追いやられてしまったのだろうか。真実を知りたいのだ。日本人がどこからやってきたのか、われわれのルーツを、探っておかなければならない。

一九八〇年代、日本人を語るのに、「二重構造モデル」が提示されていた。まず東南アジアから旧石器人が日本列島にやってきて、彼らが縄文人になった。その後、北東アジアの人びとが稲作を携えてやってきた。彼らは縄文人の祖先集団と近い人びとだったが、寒冷地に対応し、骨格も変化していた。これが第二波の渡来人で、彼らが人口を増やし、縄文時代から暮らしていた人たちと混血をくり返していった（ヤマト人）。ただし、南と北では、混血が進まず、縄文的な血が強く残った（アイヌ人、オキナワ人）……。これが、二重構造モデルで、ほぼ定説化していたが、最先端の科学は、さらに複雑な日本人の成り立ちを提示している。それがどのようなものなのか、説明していこう。

遺伝子研究は日進月歩で、次から次と、新しい知見が報告されている。母から子に伝わるミトコンドリアＤＮＡの解明が進み、さらに父から子に伝わるＹ染色体の研究も進んだ。

「ミトコンドリアDNA」は、細胞の核内の四六本の染色体ではなく、核の外の「ミトコンドリア」という構造の中にある。核内の染色体は約二万個の遺伝子から構成されるが、ミトコンドリアDNAは、たったの一三個のタンパク質と二四個のRNAの情報を伝えているだけだ。構造が簡単で、進化速度が核内のDNAよりも速く、多様性があった。

ミトコンドリアの解析がY染色体やヒトゲノムよりも先行したのは、ヒトゲノムの解読に時間がかかったという理由もある。

ミトコンドリアDNAの中で、数万年に一度の割合で突然変異する部分を選び出し、グループに分け、これをハプログループと呼ぶ。同じハプログループに属していれば、数万年前にさかのぼって先祖が同じということになる。ハプログループの分岐していく様子を再現することによって、人類の拡散の状況が読み取れるわけである。

母系のミトコンドリアからわかってきたこと

日本人の祖がどこからどうやってやってきたのか、どのような人たちだったのか、遺伝子研究によって、多くの事実が明らかになってきた。

人類の祖先、新人（ホモサピエンス）は、ミトコンドリアDNA（以下、ミトコンドリア）の解析によって、今から二〇万から一四万年前に誕生したと考えられるようになった。母から子に伝わるミトコンドリアの解析によって、現代人の祖は、アフリカのひとりの女性に行き着くと発表され、「イブ仮説」と、話題になった。ちなみに、父方のY染色体の分析では、九万年前と推定されている。

そして、八万年から六万年ほど前に、アフリカから飛び出したホモサピエンスが、稀にネアンデルタール人（旧人）らと混血を重ねながら世界に拡散していった。ちなみに、アフリカ以外の現代人にネアンデルタール人のゲノムが一～三パーセント伝わっている。旧人もまた、アフリカから五〇万年前ごろ飛び出していった人びとと考えられている。新人と旧人は、枝分かれしていたのだ。

そして、新人たちは、いくつものルートを経由して拡散し、日本列島にもたどり着いている。長い年月の間に、何回にもわたって、やってきたのである。

アフリカから飛び出していった人びとの中で、一番古く分岐したハプログループがPとQで、海岸線を伝って南アジア経由で東南アジアにたどり着いた。当時は氷

DNAと考古学的な証拠から予想されているホモサピエンスの旅路

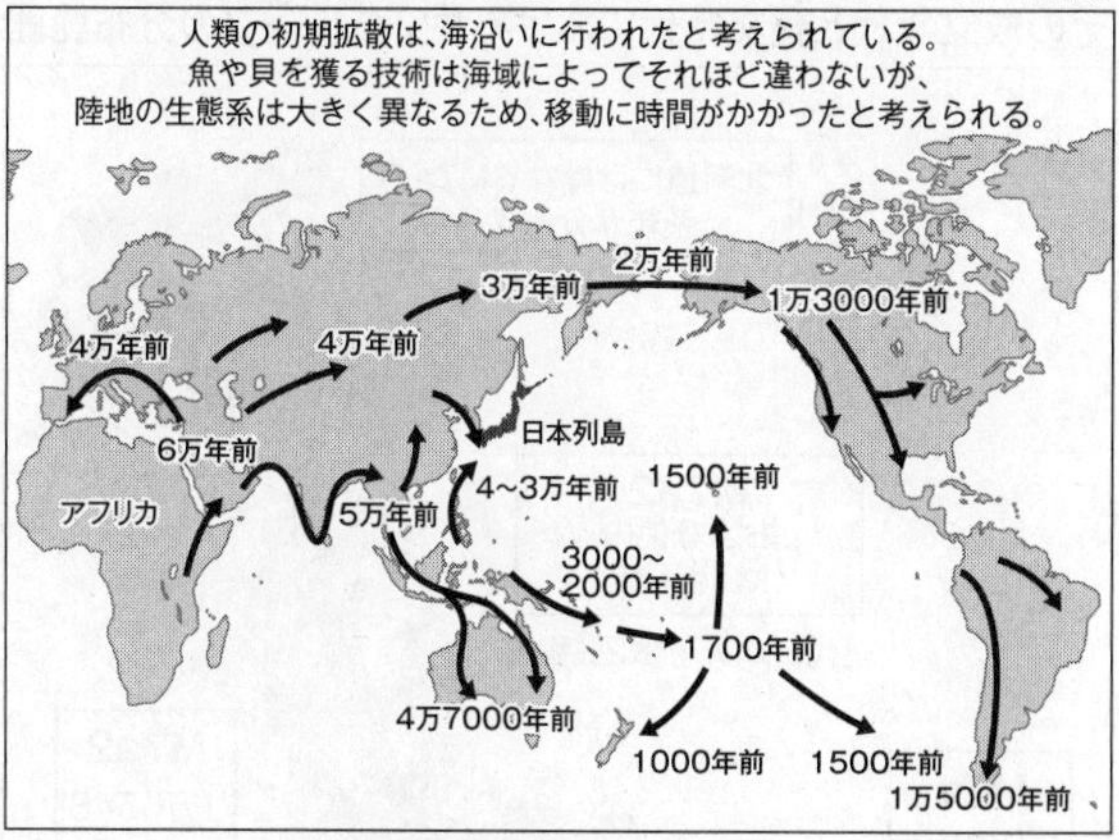

※『歴史REAL　日本人の起源』（洋泉社）掲載の図（P17）を参照

河期で海面低下が起きていて、スンダランドという陸地があった。そこを通って人びとは、オーストラリアに至った。パプアニューギニアやオーストラリアの先住民は、分岐の古いミトコンドリアDNAの系統を引いている。

東アジアの人たちは、このあとアフリカを出立《しゅったつ》し、東南アジア、中国南部に移った人びとと、バイカル湖を中心とする北方アジアに棲みついた二つのグループに分けられる（ハプログループMとN）。ただし、アフリカを複数回に分けて出立したのかどうか、本当のところはよくわかっていないとする説もある。問題は、ハプログループ

ミトコンドリアDNAハプログループM7aの系統
その成立年代と縄文時代におけるサブグループの分布範囲

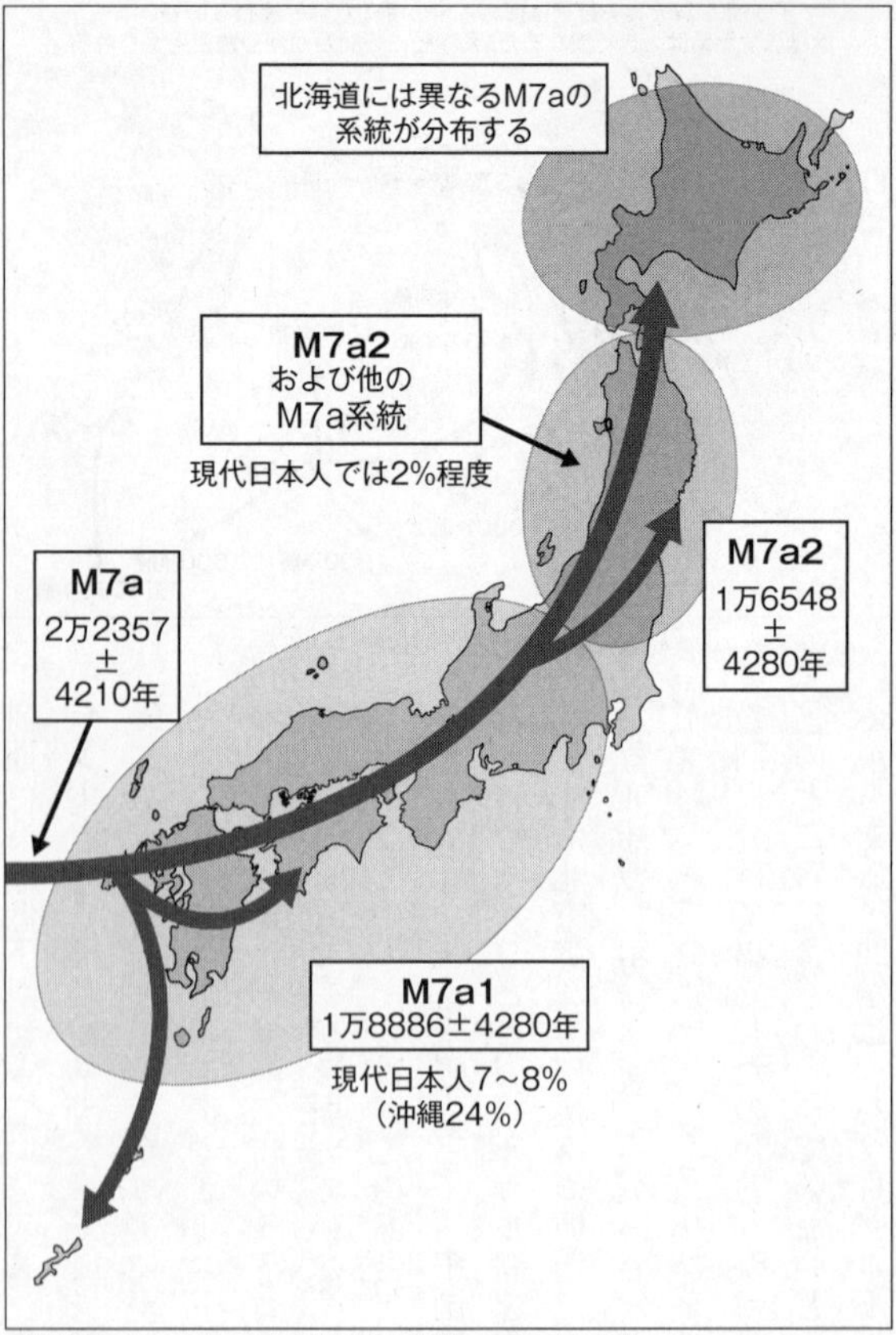

※『歴史REAL　日本人の起源』（洋泉社）掲載の図（P33）を参照

の分岐した時間の差にある。

では、日本人のミトコンドリアDNA（母系）のハプログループは、どうなっているのだろう。現代日本人と東アジア（中国北東部と朝鮮半島）の人びとはよく似ていることがわかってきた。ただし、M7aとN9bは、東アジアにほとんど存在しない。前者は沖縄、関東、北海道に、後者は東北日本に多かった。

もう一つ気になるのは、縄文人と同じDNA配列を持つ割合が高いのは、朝鮮半島南部の人びとで、篠田謙一《しのだけんいち》は「少なくとも北部九州地方と朝鮮半島の南部は、同じ地域集団だったと考えたくなります」という（『日本人になった祖先たち』NHKブックス）。

ただし、母系のミトコンドリアだけ調べても、人びとの移動を正確に把握することはできない。父系のY染色体を調べてみると、異なる景色が見えてくるからだ。

父系のY染色体からわかること

父系のY染色体は、A〜Tの二〇のハプログループに分かれる。このうちAとBが、アフリカに残った。飛び出た人びとは、三つに分かれる。C系統、D・E系統、F～T系統で、日本列島にやってきたのは、C系統（C3、C1で、どちらもわずか）、D系統（D2）、N系統（わずか）、O系統（ある程度のO2b、少数のO3）、ごくわずかなQ系統だ。

すでに述べたように、母系のミトコンドリアは、日本と東アジアで似通っているのに、Y染色体のハプログループは異なっている。C、D、Oの三つで、九割を占めている。

C系統は、東アジア、オセアニア、シベリア、南北アメリカ大陸に分布する。C系統の分岐は、二万八〇〇〇年前から二万七五〇〇年前で、アフリカを出てインドに向かい、そこから東と南に移動した。C3系統は、ユーラシア大陸東部を北上し、シベリアで繁栄し、一部は西に、一部は東に向かい、アメリカ大陸を目指した。

C系統は人口の一〇パーセント前後存在し、北海道のアイヌでやや多い。東アジア、オセアニア、シベリア、南北アメリカ大陸に分布するが、C1の系統はインドネシアに多く、東アジアには分布しない。直接東南アジアから黒潮に乗って日本列島に流れ着いた人たちと思われる。九州北部〇パーセント、徳島一〇パーセント、静岡五パーセント、東京一パーセント、青森八パーセントだ。彼らは、ごく少数だが、大きな意味を持っているので、覚えておいてほしい。

C3系統は、シベリアに多く見られるハプログループで、約二万年前に北海道に細石刃《さいせきじん》文化をもたらした人びとのようだ。九州八パーセント、徳島三パーセント、静岡二パーセント、東京二パーセント、青森〇パーセントで、アイヌに見られるが、琉球には存在しない。

問題はD（D2）で、日本人男性の三〇〜四〇パーセントが、このハプログループに含まれている。日本の周辺に、これだけ高い密度でD2が集まっている場所は、ほかにない。新潟は四八パーセント、東京は四〇パーセント、青森が三九パーセント、静岡三三パーセント、九州で二六〜二八パーセント、徳島で二六パーセントとなる。東側の数値が高いことがわかる。

D系統は一万三〇〇〇年前に分岐し、ユーラシア南部を東に向かったようだ。東南アジアを経由し、華北、モンゴルに至った。そのうちの一部が南下し、朝鮮半島経由で日本列島に到来した。彼らが縄文人の中心的存在になっていった。

世界的にも珍しい日本列島の遺伝子の多様性

N系統は、新石器時代（縄文時代）に流入したと思われる。シベリア北西部と北欧に集住している。九州四パーセント、徳島七パーセント、静岡二パーセント、東京〇パーセント、青森八パーセントで、アイヌ、琉球には存在しない。

Oは、日本男性の半数を占めている。O2bとO3の二つがメインで、前者は朝鮮半島と華北、後者は華南に多く分布する。

O系統は、ユーラシア大陸東部に集まっている。彼らの祖はアフリカを旅立ったあと、中東やインドを経て東南アジアに移動し、K祖型から、NO祖型となって東アジア南部でO系統に分岐したようだ。その時期は、一万七五〇〇年前か一万七〇〇〇年前で、移動開始は八一〇〇年前と推定されている（漢民族に多いのは、O2aとO3）。

弥生時代に日本列島に流入したO系統の分岐時期は、三三〇〇年前で、移動開始は二八〇〇年前と思われる。彼らは弥生時代以降に日本に流入した可能性が高い人たちだ。O2a（わずか）とO2bを合わせたO2系統としては、朝鮮半島で五一パーセントと、高い割合で存在する。O2系統は、九州三六パーセント、徳島三三パーセント、静岡三六パーセント、青森三一パーセントだ。O3系統は九州二六パーセント、徳島二一パーセント、静岡二〇パーセント、東京一四パーセント、青森一五パーセントだ。

Q系統は、アフリカを飛び出したFR系統（F祖型）からKR系統となって、P祖型（二万九九〇〇年前）から一万七七〇〇年前にQ系統に分岐したと思われる。たどり着いたのは、シベリアとアメリカ大陸で、約三万四〇〇〇年前のシベリアで石刃技法を作り上げ、シベリア東部から日本列島とアメリカに分かれていった。後期旧石器時代に日本列島に石刃技法を持ちこんだ人びとと考えられている。

このように、日本列島には長い年月にわたって、さまざまな人びとが渡ってきたのだった。列島人の特性は、多様な人びとの集合体だったことであり、事実、アフリカを旅立った人類のほとんどのDNAが、日本にたどり着いていて、このような例は、ほかの地域にはない現象なのだ。

そして崎谷満《さきたにみつる》は、日本列島では、世界的に稀なDNAハプログループが存続できたといい、高いDNA多様性を維持できたことは「ある意味奇跡のような幸福であった」(『新日本人の起源　神話からDNA科学へ』勉誠出版)と指摘している。

なぜ、母系から伝わるミトコンドリアは、東アジアの人びととよく似ているのに、父系のY染色体は、縄文的なD系統が、現代人に三割も残ったのだろう。この差は何か。ちなみに、D系統は日本列島のほかには、チベットとインド洋のアンダマン諸島に残るだけなのだ。

父系の遺伝子が母系ほど多様ではないのは、なぜだろう。ここには、意外な理由が隠されている。

われわれはつい、アフリカから出発した人類は常に集団で移動して日本にたどり着いたとイメージしてしまう。しかし、移動中ある地点で拠点を作り定住したあと、その集落から「女性が他の集落に嫁ぐ」あるいは、「男性が他の集落に嫁を求めてさまよう」というバトンタッチ方式のDNAの移動(実際には人が動いているが)を、想定しなければならない。そしてこの場合、「女性優位で女性は動かない」社会なのか、その逆なのかによって、母系と父系の遺伝子は、動きに差が出る。ちなみに東アジアでは、父系社会の傾向が強いという(太田博樹《おおたひろき》『遺伝人類学入門』ちくま新書)。日本列島の母系が多様性に満ちていたのは、東アジアと共通で、それは、東アジアが父系社会だったからだろう。

他者との共存を拒んできた漢民族

中国の場合、Y染色体はそのほとんどがO3系統で、男性は単純な構成になっている。O3は漢民族なのだ。

O3が力尽くで他者を追い出し、あるいは、征服して先住の男性を殲滅《せんめつ》して女性を奪い、子孫を増やしていった可能性が高い。そして、共存を拒否する漢民族を恐れ、多くの人が周辺に逃げていったという歴史が再現できる。日本列島に逃れてきた人たちも多かっただろう。ちなみに、朝鮮半島も一時、漢民族（O3）に席巻された可能性が高いらしい。

中国では早い段階で冶金《やきん》技術が発達し、樹木を燃料にした結果、森を失っていたが、これが大きな意味を持っていた。比較的起伏の少ない広大な土地が、一面の野原になり、大軍団が通りすぎれば、ぺんぺん草も生えない状況が生まれ、「強い王が、周囲を圧倒」し、逆に、新たに現れた実力者が前政権を容易に倒すことができる地政学上の必然性があった。だから、王朝交代を正当化し、「政敵は抹殺する」

という文化が出現したのだろう。日本のように、隣村に行くために峠を越えていかなければならないような、小間切れの国土なら、このようなことは起きなかっただろう。

そして中国の場合、地政学上の必然性を差し引いても、「O3（漢民族の男性）のY染色体だけ」が生き残ったところに、恐ろしさの本質がある。O3は要注意だ。

ならば、日本の場合はどうなのだろう。

弥生時代や古墳時代は、かつて盛んに推理されていたような「渡来系の一方的な制圧、侵略」「渡来人が先住民を駆逐した」のではなく、大陸や半島を追われた人たちが、染み込むように日本列島に拡散し、定住し、先住民と融合し、稲作を始め、人口爆発を起こしていたと考えられる。

篠田謙一は日本とチベットにD系統が残った理由を、次のように述べる。

歴史時代を通して大陸中央部からの影響をあまり受けなかったことが両者の類似を生んだのでしょう（『日本人になった祖先たち』）

たしかにその通りかもしれない。

崎谷満は、弥生時代になって渡来系のO2b系統の人びとが朝鮮半島を経由して日本列島に渡ってきたが、かつて信じられていたような大人数の移住の可能性は低く、少人数が何回かに分かれてやってきたと推理する。それ以降も漢民族系の流入があっても、今日までD2系統集団がかなりの高率で残っていたのは、D2系が、この日本列島で大きな集団を形成し続けてきたからだろうと指摘した。さらに、オーストロアジア系集団（O2aとO2b）のうちO2b系統が北に向かい日本に到達していたが、それ以外の南西部に逃れたO2aは「オーストロアジア系言語」を保持していった事実に注目する。日本列島に流れ込んだO2bは、民族の言語を喪失していたことになる。理由は、日本列島の縄文系に溶け込んでいったからと指摘し、次のように述べている。

このようなDNA多型分析という最新の科学的成果、および考古学的発掘の進行によって、縄文系ヒト集団が大きな影響をこの日本列島に与えて現在に至っていることが判明してきた（『DNAでたどる日本人10万年の旅』昭和堂）。

この指摘を、無視することはできない。

最新の研究から割り出された意外な数字

ただし、ミトコンドリアとY染色体は、人間の遺伝子の中のほんの一部であって、これだけ調べても、日本人のルーツを探るには不十分なのだ。先進の科学は、あっという間に旧説を覆していく。

卵子と精子双方に入っていた二三本の染色体（三二億個からなるDNA情報）を「ヒトゲノム（遺伝情報の一つのセット）」と呼んでいるが、一個体のDNA配列の中に、先祖から伝えられた遺伝子情報を、大量に含んでいる。

その厖大な量のデータが平成十六年（二〇〇四）に、ほぼ解明されている。これは、それまでのミトコンドリアとY染色体による研究を凌駕《りょうが》する革命的な出来事で、人間の起源が、明らかにされようとしている。

日本では、国立遺伝学研究所の斎藤成也《さいとうなるや》教授の研究グループが、平成二十八年（二〇一六）に、縄文時代人のゲノムDNAの情報を決定することに成功し、発表している。その結果、何がわかってきたのか、紹介していこう。

日本列島では、今から三万八〇〇〇年前以降の地層から、旧石器が見つかってい る。人骨で最古のものは、沖縄県那覇市の山下町第一洞穴遺跡から見つかった三万二〇〇〇年前のものだ。四万年前の地球は氷河期で、海も凍っていたし、海面も低く、大陸と日本列島は陸でつながっていた。そして、一万六〇〇〇年前に、土器が登場し（青森県の大平山元遺跡）、縄文時代が始まる。

ならば、縄文人と現代人の間に、どれくらいの遺伝子の差があるのだろう。現代人の血の中に、どれくらいの縄文人の血が残っているのか。ヒトゲノムは九九パーセント以上が共通している。そこで人それぞれでＤＮＡ差の出る部分（ゲノム規模ＳＮＰデータ）を調べる。すると縄文人と共通のＤＮＡがもっとも多かったのがアイヌ人（六八パーセント）で、オキナワ人、ヤマト人、北方中国人（低いといっても六三パーセントの共通性がある）と続く。

さらに、集団の系統樹を推定してみると、縄文人は一万五〇〇〇年よりも、さらに古い時代に分岐していたことがわかった（はっきりとはわからないが、かなり古そうだ）。しかも、縄文時代人の祖先は、アフリカを旅立って方々に拡散していった世界中の現代人の御先祖様の中でも、特別だという。斎藤成也は、北方系か南方系かというかねてからの議論がふっ飛ぶような「きわめて特異な集団」で、東ユーラシアや南米人と近い、このため「縄文人の祖先さがしが振り出しにもどってしまった」(『日本人の源流』河出書房新社)というのである。今後の研究成果を待たねばならぬ。

ちなみにサンプルとなった縄文人は、縄文後期から晩期の三貫地《さんがんじ》貝塚(福島県相馬郡新地町)で見つかった人のDNAだ。一〇〇体を超える縄文人の遺骨が見つかったことで知られている。

ならば、現代人の中に、縄文人の血が、どれくらい混じっているのだろう。斎藤成也の研究グループは、現代人のゲノム規模SNPデータを用いて、縄文人のゲノムが伝わった割合を、一四~二〇パーセントと推定した。推定値に幅があるのは、現代人側のサンプルが、多彩な組み合わせだったからだ(当然のことながら、ゲノムの地域差、個人差があるということだ。それぞれの人間が、縄文人に近いのか、遠いのかで、数字にバラツキが出る)。

この数字だけ見ると、縄文人は渡来系に圧倒されていたように思えてくる。

三段階渡来モデル

斎藤成也は、これらの材料に基づき、次のような、仮説を提唱している。日本列島人（斎藤成也は列島人を「ヤポネシア」と呼ぶ）が出現した三段階渡来モデルだ。

- 第一段階　約四万年前〜約四四〇〇年前（ヤポネシアの旧石器時代から縄文時代中期まで）

ユーラシアのさまざまな地域から南北のルートを伝って日本列島全体にやってきた。氷河期には、陸がつながっていた。メインとなった人たちは、今の東ユーラシアに住んでいる人とは異なる。どこからやってきたか謎。そして一万六〇〇〇年前、彼らは土器を作り始めた。

- 第二段階　約四四〇〇年前〜約三〇〇〇年前（縄文時代の後期と晩期）

日本列島の中央部に、第二の渡来があった。ルーツはわからないが、朝鮮半島、遼東半島、山東半島の海の民か、あるいは園耕民の可能性がある。

- 第三段階前半　約三〇〇〇年前〜約一七〇〇年前（弥生時代）

朝鮮半島を中心とした第三波の渡来人が押し寄せた。第二波とは遺伝的に近いが、少し異なる。水田稲作技術を持ち込んだ。列島中央部の中心軸に沿って東に居住域を拡大していった。南北の人間とは混血していない。

・第三段階後半　約一七〇〇年前〜現在（古墳時代以降）

第三波の渡来人が、継続的にユーラシア大陸から移住した。第一波の渡来人は北海道に移住、第二波の渡来人が東北に居住した。

このようにまとめた上で斎藤成也は、次のように述べる。

日本神話に登場する国津神と天津神は、それぞれ第二段階と第三段階の渡来人の象徴的呼び方であるといえるのではなかろうか。二重構造モデルによれば、国津神は縄文系の人々ということになるが、国津神と天津神は、それほど大きな違いはなかったように思われる。考古学的データを神話に重ねあわせると、アマテラス以降の神話の世界は、西暦ゼロ年前後のころに始まった可能性がある（前掲書）

これが、最先端の科学者が推理した、日本人の成り立ちである。最先端の科学を用いて気鋭の学者が説いているから、かなり真相に近づいているのだろう。しかし、気を付けなければならないことは、いくつもある。

まず第一に、縄文人（一万年の間に熟成された列島人）そのものが多様性を持っていたことは確かなのに、「用いた縄文人のサンプル（個体）」が、時代的、地理的に、偏っていることだ。しかも、西日本の縄文人を考慮に入れていないのは大問題だ。縄文時代、人口は東側に多かったが、水田稲作は西日本で先に採り入れられ、人口爆発を起こしているのだから、西日本の縄文人のＤＮＡが現代人に大きな影響を及ぼしていることは、想像に難くない。

かつて、ミトコンドリアＤＮＡの頻度データから、縄文系のＤＮＡの割合を宝来聰は、三五パーセントと指摘した。中国の研究グループも、斎藤成也がアイヌ人のデータを発表する前に推定した数字は、二三〜四〇パーセントだった。

なぜ、これだけ推定値に開きが出るのだろう。斎藤成也は、「縄文人そのもののゲノムデータが得られる前には、現代ヤマト人に伝えられた縄文人ＤＮＡの割合は、高めに推定される傾向にあった」(前掲書)というが、これは正しいのだろうか。

中込滋樹《なかごめしげき》の研究グループが斎藤成也と同じ最新のゲノム規模SNPデータを用いて試算したところ、ヤマト人の縄文人ゲノムの割合を二一〜五三パーセントと割り出した。

同じヒトゲノムデータを用いたのに、なぜこれだけ大きな差が出てしまったのだろう。中込滋樹らは、土着縄文人と渡来人の混血が起きた年代をまず推計した。それが、二二九世代前で、一世代を二五年として、五七二五年前、三〇年とすれば、今から六八七〇年前となり、誤差を考え、三〇〇〇〜九〇〇〇年前に混血が始まったと仮定した。ただしこの「縄文人」は、東日本の縄文人とは系統的に異なり、アイヌ人の直接の祖先集団と六〇〇世代前に分岐していたと捉える。要は、斎藤成也が東日本のごく一部のサンプルを「代表的縄文人」と捉えたのに対し、中込滋樹らは、「西日本の縄文人も計算枠に入る推理」を働かせたということになる。速断は禁物だが、後者の方に、リアリティを感じる。

もちろん、発展途上の研究だから、結論は出せない。縄文人の人骨がさらに出土

日本列島への集団移入の模式図

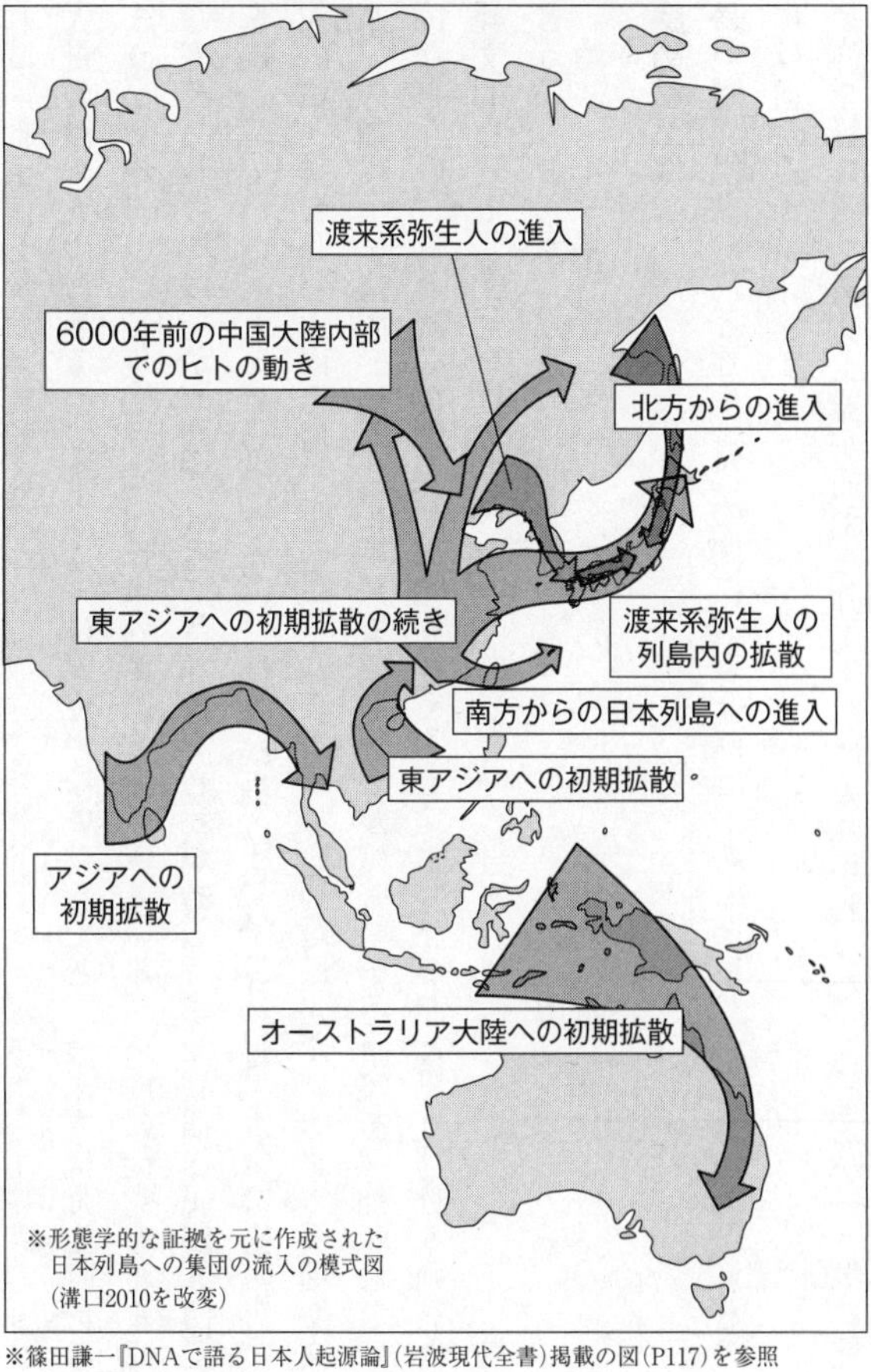

※篠田謙一『DNAで語る日本人起源論』(岩波現代全書)掲載の図(P117)を参照

すれば、推定値も変わってくるだろう。

大量の渡来人が海を渡ってきたことは間違いない。ただし、渡来人は弥生時代の始まりから約二〇〇〇年かけて、日本列島にやってきている。一度に徒党を組んで押し寄せたわけではなかったところに留意する必要がある。また、稲作民が人口爆発を起こしていたことも無視できない。徐々に染み込むように日本列島に渡来し、先住の民と融合し、人口を増やし、風土に染まっていったはずだ。そして、縄文文化が、想像以上に堅固で、現代日本にまで影響を及ぼしている事実を、加味しなければならない。ここが、日本人と文化を考える上で重要なのだと思う。日本列島人は縄文的な習俗、文化を捨てきれなかったのだ。

どういうことか、以下、説明していこう。

謎めく土偶

長い間、縄文時代と弥生時代の間に大きな断絶があると信じられていたが、その根拠は何だろう。

「装飾を凝らした縄文土器が簡素な弥生土器に入れ替わった」ことや、「一気に稲作が普及した」こと、「それまでなかった金属器が流入した」ことなどなど、わかりやすい理由がいくつも掲げられていたのだ。見た目だけでも、じつにインパクトのある変わりっぷりだった。たしかに、渡来人の圧倒的な力によって、縄文人が追いやられたと考えても、おかしくはなかったのである。

そして、現代人に占める縄文人の遺伝子の割合が、一〇～五〇パーセントと聞くと、「縄文の影響力など、たかが知れている」と、勘ぐられかねない。

縄文の女神と呼ばれる西ノ前遺跡出土の土偶（国宝。山形県立博物館蔵）

そこでまず、土偶を例にとって、縄文文化の「その後」を考えてみたいのだ。縄文時代、盛んに作られていた土偶も、弥生時代になると見られなくなってしまった。

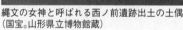

風張Ⅰ遺跡から出土した合掌土偶（国宝。八戸市蔵）

呪術的で芸術的な信仰の道具も捨ててしまったのは、なぜだろう。文化も信仰形態も激変してしまったようにしか見えない。ならばここで、大陸や半島の文化を受け入れて、まるで明治維新のように、古い因習は、すべて消し去られてしまったのだろうか。

縄文時代に盛んに作られた土偶は女性像で、しかも「女性の部位」が強調されているものが多い。妊娠を匂わす例もある。ただし、縄文時代後期の一時期、関東を中心に現れる筒型土偶は、男女、両性を具有していた。

ちなみに、男性を象《かたど》っている祭器も存在した。それが石棒だ。男性器にしか見えない。縄文時代中期後半ごろ、爆発的に増えた。

ならば土偶は、何に用いられたのだろう。明治時代から、いろいろな説が飛び交った。

オモチャ、もてあそぶ物（玩弄具）とする説があったが、現在では、宗教にかかわる道具と考えられるようになった。神像、女神像、精霊、安産護符、玩具、呪物などなどで、いわゆる第二の道具だ。

土偶は、なぜか壊される。早期の土偶は完全なものが多く、前期の末から中期になると壊すために土偶が作られるようになる。壊れた土偶をアスファルトで補修していることがあり（縄文時代にアスファルトは接着剤に使われた）、そうかと思うと、完形品の多い土偶とそうでない土偶に分けられる。部位によっては見つからず、最初からもぎ取って割れるように作ってある。道具を使って叩いて壊していないのも特徴だ。

土偶が出土する状況にも、いくつもの特殊なパターンがあった。一個体の破片が別々の集落で複数の住居から見つかる。住居の床の穴に、胴や足の破片を埋めている。一体分の土偶が、住居の奥の床面に安置されていることがある……。

土偶には東北のイメージが付きまとうが、沖縄県以外の日本列島に、くまなく分布していた。今までに一万数千個の土偶が見つかっている。三〇万個は作られたのではないかという推定もある。ただし、縄文一万年を通じて、いつでも、どこにでもあったわけではない。縄文時代早期前半に関東東部（千葉県、茨城県が多い）に現れ、一度消える。その後、後期前葉に東日本に、後期初頭に九州の中部と北部に出現した。そして、弥生時代の到来とともに、土偶は消える。

大切に扱われていた土偶は、壊れたら修理されるが、最後は壊される。そして、配られ、住居の床に埋められることがわかってきたのだ。しかもお祭りのときに「わざと壊される」と考えられるようになった。

やはり土偶は、謎めく。

縄文の信仰は消えてなくなったのだろうか

なぜ弥生時代に、土偶は捨てられていくのだろう。

藤尾慎一郎《ふじおしんいちろう》は『縄文論争』（講談社選書メチエ）の中で、落葉樹林帯（ナラ林）は少種大量の森林を構成していて、限られた時間に木の実を採集する必要があり、労働力をまとめるために、土偶祭祀を行ったのであり、弥生時代に入ると、米の豊穣を祈り、「稲魂」が祭りの対象となり、縄文時代の網羅的なシステムは、不要になり、まったく違う形の祭祀に変貌したという。

弥生時代以降、水田で生産されるコメを経済的な基盤にして生産量の増大を至上命題として歩んできた、これまでの二〇〇〇年間の尺度が当てはまらない時代、別の尺度や考え方が支配していた時代、それが縄文時代である

といっている。縄文時代、すでに稲作は知られていたし、水田稲作を選択することも可能だった。また、縄文後期、晩期の西日本では朝鮮半島から伝わった雑穀やイネ（陸稲）を栽培していたが、生業そのものを変えたわけではなかった。つまり、穀神への祭祀をイデオロギーとして受け入れ、立ち上げなければ、弥生時代は成立しなかったというのだ。だから、縄文人と弥生人は、まったく異なる信仰と思想の持ち主であり、現代人と縄文人も、異なる原理で生きていると、指摘したのだ。

はたしてそうだろうか。「祭祀形態が入れ替わった」というが、「縄文的な信仰」「根っこの発想」まで入れ替わったのかというと、それは、大きな間違いだと思う。

だいたい、土偶（あるいは土偶的発想）や縄文の信仰は、弥生時代の始まりとともに消えたわけではなかった。

たとえば弥生時代前期の水田跡が見つかった津軽平野の砂沢《すなざわ》遺跡（青森県弘前市）の場合、弥生土器とともに、約八〇点の土偶が見つかっている。ただし、中期になると激減している。たとえば、垂柳《たれやなぎ》遺跡（青森県南津軽郡田舎館村）では、二、三点発見されているにすぎない。

一方西日本では、少し違った動きを見せている。縄文時代後期に出現した東北地方の屈折像土偶が西日本に伝わり、影響を与え、縄文時代晩期前半にはやはり東北の影響を受けた遮光器土偶が西日本にもたらされている。

奈良県橿原《かしはら》市の橿原遺跡が有名で、後期から晩期にかけて、一八六点の土偶や石棒類が見つかっている。また、滋賀県大津市の滋賀里《しがさと》遺跡、兵庫県神戸市の篠原中《しのはらなか》町《まち》遺跡、奈良県御所《ごせ》市の観音寺本馬《ほんま》遺跡でも出土した。さらに、近畿地方で農耕開始期に流行った屈折像土偶も、東北地方の土偶（長原《ながはら》タイプ土偶）が起源だったこともわかってきた。

このように、西日本は水田稲作開始期に、東北系の土偶の影響を受けていた。そして、弥生時代中期から後期に岡山県や愛媛県の瀬戸内地域で盛行する分銅《ふんどう》形土製品に長原タイプの土偶が変遷していたという推理がある（小林青樹《こばやしせいじ》『縄文時代の考古学』同成社）。

「分銅形土製品」は板状の土製品で大きさは五～一六センチメートルぐらい。破片の形で、住居などで見つかる。弥生時代前期の瀬戸内海沿岸で見られる土製品を、分銅形土製品の祖型と考え、それが、東北地方の長原タイプ土偶の系統に連なるというのだ。

弥生時代に伝えられた縄文の第二の道具

少し違う考え方をしているのが、寺前直人《てらまえなおと》だ。『文明に抗した弥生の人びと』（吉川弘文館）の中で、分銅形土製品は土偶の系統ではなく、よく似た土製品が東北地方の縄文晩期末か弥生時代前期に見られ、この影響を受けたのだろうと指摘した。その代わり、近畿地方で、東北地方の影響を受けた屈折像土偶が水田稲作開始期に現れることに注目した。出産をイメージさせる形状から、安産を願って作ったようだ。もちろん、縄文の信仰を継承したわけである。

さらに、近畿地方の農耕社会で継承されたのは、縄文時代から形を変化させて伝わった石棒だったという。

近畿南部の初期の環濠《かんごう》集落には、ほぼ間違いなく、石棒が見つかるという。大形石棒が見つかったのは、兵庫県神戸市の大開《だいかい》遺跡、大阪府八尾市の田井中《たいなか》遺跡。奈良県橿原市の川西根成柿《かわにしねなりがき》遺跡、京都府長岡京市の雲宮《くものみや》遺跡、和歌山県御坊《ごぼう》市の堅田《かただ》遺跡などだ。

縄文時代の石棒は、土器とセットで住居の床面から出土する。石棒は男性、土器は女性のシンボルで、儀器だ。弥生時代に入っても、近畿地方の弥生人たちは、縄文的なイデオロギーを守り続けていたのだ。

ちなみに、石棒は、弥生時代前期後葉以降の土器とともに出土することが多い。近畿地方を代表する弥生時代の環濠集落・池上曽根《いけがみそね》遺跡（大阪府和泉市・泉大津市）から、石棒が五点出土している。しかも、この遺跡から縄文土器は出土していないので、石棒は弥生時代のものと考えられている。縄文晩期に近畿地方で用いられた石棒とはややデザインが異なるが、金属器が流入し、青銅器が第二の道具になりつつあったにもかかわらず、石棒が、弥生時代中期まで使われていたというから、無

朝日遺跡の発掘風景（名古屋市教育委員会提供、写真：時事通信）

視できない。

さらに、石棒が出土する遺跡と銅鐸《どうたく》文化圏が、重なってくることが大きな意味を持っている。たとえば弥生時代中期前半ごろの最古型式の銅鐸の鋳型が見つかった朝日遺跡（愛知県清須市・名古屋市西区）では、銅鐸を作り始めた時代に、石棒も、儀器として並存していたことがわかる。他の、銅鐸を出す遺跡でも同じことが起きていた。

問題は、弥生時代を代表する祭器・銅鐸に、縄文的な紋様が刻まれていた可能性があることだ。

弥生の祭器・銅鐸に残った縄文の文様

銅鐸は朝鮮半島からもたらされた銅鈴《どうれい》が元祖だ。元をたどれば、中国北方地域までたどり着く。銅鈴には、文様がない。小さな鳴らす道具（カウベルのような）だったが、弥生時代中期前半の北部九州で、銅鈴を真似して、青銅器が生み出された。これが、銅鐸になっていく。

淀川の北岸、近畿地方でもっとも多くの銅鐸の鋳型が出土する東奈良遺跡（大阪府茨木市）で、銅鐸が見つかった。弥生時代中期後半の遺物だ。今城塚《いましろづか》古墳などで発掘に携わる森田克行《もりたかつゆき》は、朝鮮半島から渡来した銅鐸が日本化された最古の銅鐸ではないかと指摘した（『究班』Ⅱ　埋蔵文化財研究会）。問題は、日本列島で次第に巨大化し、最後は一メートルを超す「見る銅鐸」に化けていったことだ。

小林行雄《こばやしゆきお》は巨大化する銅鐸の様子を、鈕《ちゅう》（吊り手）の形の変化（形骸化）に注目して、次のように名をつけている。菱環鈕式《りょうかんちゅうしき》→外縁付（菱環）鈕式→内外縁付菱環鈕式＝扁平《へんぺい》鈕式→突線《とっせん》（飾付扁平）鈕式だ。

そして森田克行は、東奈良遺跡から見つかった銅鐸にあしらわれた複雑な文様

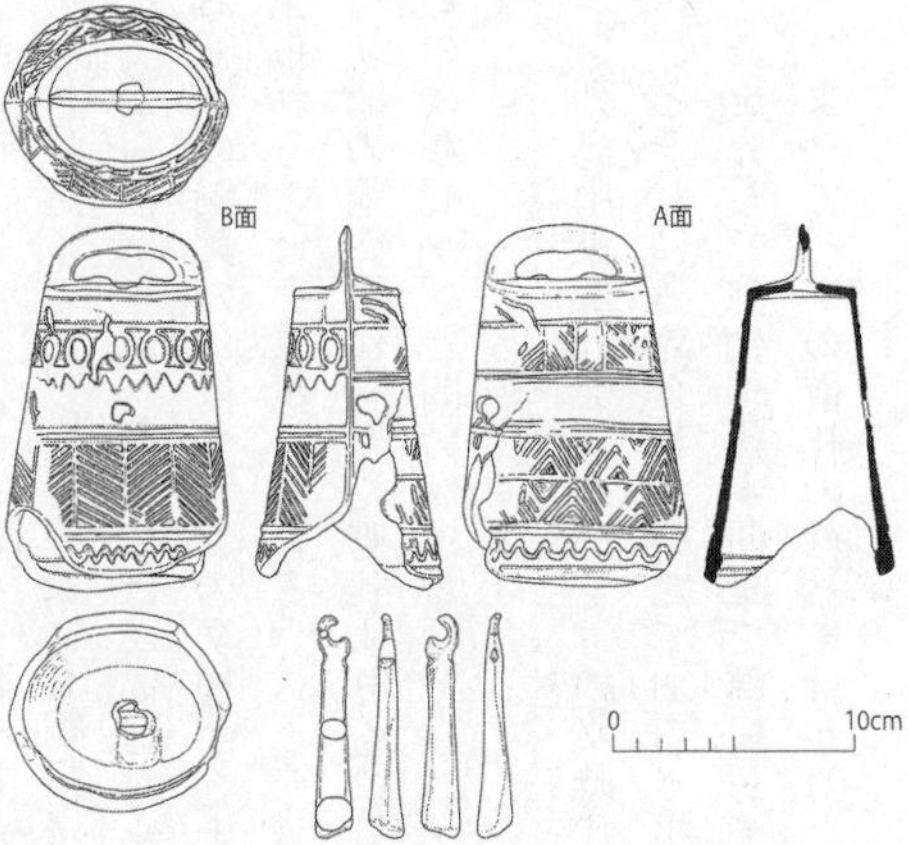

東奈良遺跡から出土した銅鐸の模式図（設楽博己『弥生文化形成論』塙書房より）

が、弥生時代前期後半の壺に施された文様とよく似ていると考えたのだった。

　もちろん、この推理には賛否両論あるが、弥生時代に残った縄文系の土器文様とよく似ているという指摘も出されている（設《し》楽《たら》博《ひろ》己《み》『三島弥生文化の黎明』高槻市立今城塚古代歴史館、『縄文社会と弥生社会』敬文舎）。

　設楽博巳は、東奈良銅鐸の文様の中でも、楕円を横に連ねた文様に注目している。同時代の弥生土器にはまったく見られないもので、亀ヶ岡式土器（東北地方）の流れをくむ北陸地方から東海地方に分布する浮線渦巻文土器とよく似ている。

寺前直人は設楽博己の説を支持する一人だ。また、寺前直人は、朝鮮半島からもたらされた多紐細紋鏡《たちゅうさいもんきょう》の紋様も銅鐸には施されているから、銅鐸の文様すべてが縄文から継承されたものではないと釘をさしつつ、近畿や東海地方で見つかっている初期の銅鐸のほぼすべての文様が、土器類だけではなく、木器や小形石棒類にも見られることを重視している。

初期の銅鐸が作られた時代よりも、五〇〇年前の石棒類に施された文様が似ているのはなぜか、と問いかける。

列島中央部社会において、縄文時代晩期の土器や小形石棒類に付加された文様とそれに込められていたであろう祖先と関連する伝承や世界観が、有機質製品を介して弥生時代中期まで継続しており、それを外来の銅鈴に付加することによって、その儀礼の継続をはかったとみる（前掲書）

偶然同じ文様を描いたとは考えられない。やはり、縄文時代の祭器に描かれた図柄、文様は呪術的で、現代人にはわからない何かしらの意味を持っていて、だからこそ、人びとは大切に守り抜き、銅鐸を飾ったのだろう。

銅鐸の文様を知る上で、多鈕鏡の鋸歯文《きょしもん》が、大きなヒントになってくる。多鈕鏡は北方遊牧民が用いていた小さな銅製品で、身に着け太陽光を反射する装飾品、祭祀具だった。光を反射して、避邪《ひじゃ》の役目を負った。次第に大きくなり、ヒモを取り付ける輪そのものが鈕となったが、複数鈕を持つものを多鈕鏡と呼んでいる。その後、時代を経て、多鈕鏡（多紐細文鏡）は日本にもたらされ、そこには鋸歯文があしらわれていたのだ。鋸歯文は、もともと蛇のウロコの文様だった。邪悪な者や厄災を払う避邪の象徴だ。そしてこの文様が、銅鐸に利用された。

小林青樹は『倭人の祭祀考古学』（新泉社）の中で、次のように述べる。

銅鐸は、光り輝き、音が鳴るという二つの重要な特徴をもつ祭祀具である。こうした銅鐸が出現するころに多鈕鏡が姿を消し、銅鐸に入れ替わる。おそらく銅鐸も光り輝く金属器であり、多鈕鏡がもっていた光を反射するという特徴が銅鐸に引き継がれたのであろう。

こう述べた上で、さらに、鋸歯文は、隼人の楯や古墳に並べる特殊器台（供献土器）にも用いられ、また、古墳時代の柵形《さくがた》埴輪の屋根飾りが三角形になっていることと、これらが避邪の役割を果たしていることを指摘している。

このように、銅鐸は、渡来系の鋸歯文と、縄文系の亀ヶ岡系文化の二つの影響を受けていたことがわかる。

銅鐸の文様に関して設楽博己は、次のように述べる。

装いを新たに登場したシンボルとしての銅鐸のなかにさえ縄文系の文様が取り込まれているのであり、大陸や西日本の文化要素だけで弥生文化を語ることはできない。

滅びゆく文化として縄文文化をとらえるのではなく、弥生文化のなかに作用しているそのエネルギーを抽出していくことが、弥生文化の多元的性格を理解するうえで必要なのである（前掲書）

その通りだろう。弥生時代の到来とともに、土偶は姿を消したが、縄文の信仰は途絶えたわけではなかったのである。

そこで次章では、縄文人たちがいかに水田稲作を受け入れていったのか、その真相に迫ってみたい。

第三章

縄文と弥生の境界線

縄文人が水田稲作を始めていた証拠

長い間、弥生時代は「弥生土器を使用した時代」と考えられていた。しかし、考古学の進展によって、この定義が揺らぎつつある。弥生土器＝遠賀川《おんががわ》式土器の出現とともに、水田稲作が始まったというかつての常識は、もはや通用しなくなったのだ。縄文から弥生時代への移り変わりがグレーゾーンに入った。近年しきりに耳にするのは、「縄文と弥生の境目がわからなくなった」という話である。

縄文土器を使っていたのが縄文時代で、弥生土器を使っていたのが弥生時代と考えているようでは、もはや時代遅れなのだ。土器は技術が伝承され、文化は継続されるのだから、はっきりとした時代区分はできないというのが、すでに常識となりつつある。弥生土器のような縄文土器があるかと思えば、縄文の息吹を感じさせる弥生土器もある。境界線が、じつに曖昧なのだ。

ならば、稲作を始めた地域から、弥生時代は始まったと言い換えればよいのだろうか。ところが、稲作を始めた地域の人間の使う道具が縄文的な香りを残していたりする。いつから、その地域が弥生時代に突入したのかも、線引きが難しくなってきた。だから、「縄文晩期末にすでに稲作は始まっていた」、「いや、稲作が始まった時点で、それはもうすでに弥生時代だから、弥生時代早期と呼ぶべきだ（佐原真)」と、いろいろな区切り方が生まれてきてしまうのだ。

昭和五十三年(一九七八)から翌年に板付《いたづけ》遺跡(福岡県福岡市)の調査が行われ、弥生時代をめぐる学説の迷走は始まったのだ。縄文時代晩期と信じられてきた夜臼《ゆうす》式《しき》土器の時代の遺跡から、水田遺構と木製の鍬《くわ》、石製の穂積具(石包丁)、炭化したコメ(ジャポニカ)が見つかった。明らかに「縄文人が水田稲作をやっている!!」という、それまでの常識では考えられない事態に、みな戸惑ったのである。発掘に携わった山崎純男は、これを「縄文水田」と、断言した(森岡秀人《もりおかひでと》・中園聡《なかぞのさとる》・設楽博己『先史日本を復元する4　稲作伝来』岩波書店)。

水田遺構は、幹線水路、井堰《いせき》、出水路、排水路、畦畔《けいはん》など、しっかりとしたものだった。水田から水が流れ落ち、下の段の水田に水を供給するシステムまで、すでに登場していたのだ。水田の跡には、人の足跡が残されていて、福岡県警の鑑識も協力し、身長一六四センチメートルという、当時にしては高身長だったこともわかった。縄文時代から継承された生活道具で暮らしながら、新来の水田技術を駆使し

の文化年表

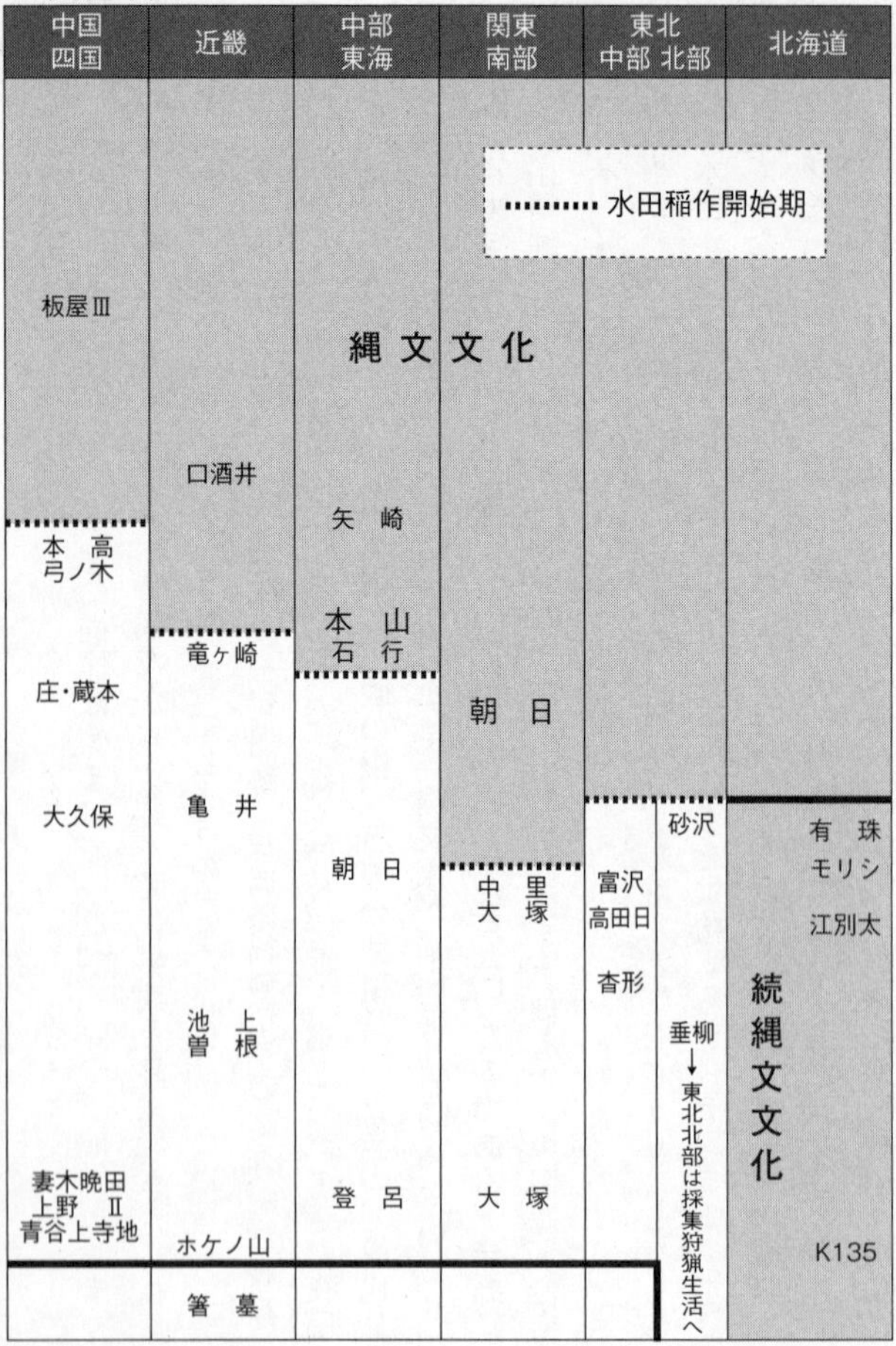

中国 四国
近畿
中部 東海
関東 南部
東北 中部 北部
北海道
水田稲作開始期
縄文文化
板屋Ⅲ
口酒井
矢崎
本高
弓ノ木
竜ヶ崎
本山
石行
庄・蔵本
朝日
大久保
亀井
朝日
砂沢
有珠
モリシ
中里
大塚
富沢
高田日
江別太
杏形
池上
曽根
垂柳
東北北部は採集狩猟生活へ
続縄文文化
妻木晩田
上野Ⅱ
青谷上寺地
登呂
大塚
ホケノ山
K135
箸墓

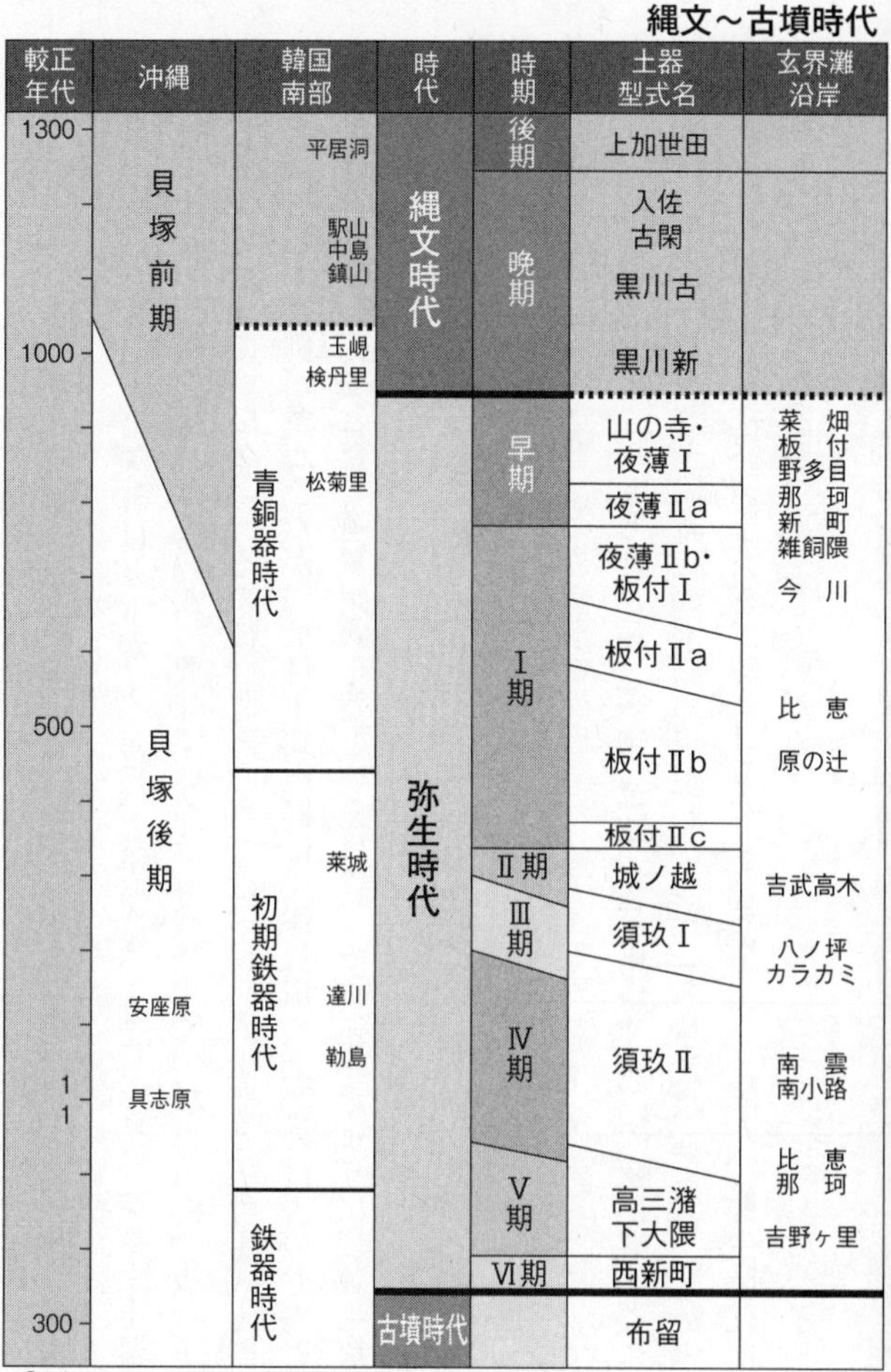

※『歴史REAL　日本人の起源』(洋泉社)掲載の図(P97)を参照

ていた様子が浮かび上がってくる。

ちなみに、遺跡のある「板付」は、福岡空港のすぐ脇で、かつてこの空港は板付空港とも呼ばれていた。それはともかく、夜臼式土器は、刻目《きざみめ》を持つ突帯文《とったいもん》土器で、縄文土器の伝統を継承していた。興味深いのは、戦後すぐ、板付遺跡で板付I式土器が発見されていたこと、その後、北部九州では、夜臼式土器と板付I式土器がともに出土する例が多かったが、板付I式土器は、遠賀川式土器の最古のものと位置づけられていたことだ。遠賀川式土器といえば、すでに述べたように、弥生前期を代表する土器である。

考古学者はこう判断した。夜臼式土器は縄文時代の終わりに、板付I式土器は、弥生時代の始まりに作られた、というのだ。つまり、板付遺跡は、縄文から弥生への過渡期の遺跡ということになろうか。

一方、昭和五十四年（一九七九）に、菜畑《なばたけ》遺跡（佐賀県唐津市）で夜臼式土器よりも古い、山ノ寺式土器と同時代の水田が出現したのだ（ちなみに、その後、この水田が夜臼・板付I式まで時代が下ると、報告は変更されるのだが）。また、弥生時代前期と見なされていた石器が、出土していた。

板付遺跡・弥生館に展示されている遺跡の復元模型

菜畑遺跡の復原水田（唐津市提供）

昭和五十五年（一九八〇）には、曲り田《まがた》遺跡（福岡県糸島郡二丈町）の住居跡から、夜臼式土器よりも古い突帯文土器（曲り田式）とともに、大陸系の磨製石器だけではなく、なんと鉄器まで埋まっていたのが発見された。

縄文晩期から弥生時代中期にかけて、日本の土器が朝鮮半島南部に流れ込んでいたこともわかってきた。釜山《ぷさん》市の東三洞《とうさんどう》貝塚から、九州の縄文土器が大量に発見されてもいる。

北部九州沿岸部に朝鮮半島の土器がもたらされるようになったのは、弥生時代前期後半ごろだ。しかもその規模はわずかで、先住の民の集落の片隅に、渡来系の人びとが、肩を寄せ合って暮らしていたイメージだ。そして、その後、集落の人びとと融合し、同化していったのである。

この結果、縄文時代晩期末と弥生時代前期が、交錯してくることがわかってきたのだ。縄文時代から弥生時代に切り替わったというよりも、少人数の渡来とともに縄文人が水田稲作を受け入れ、次第に、朝鮮半島からもたらされた文化に染まっていったことがわかってきた。

最初から稲作一辺倒だったわけではない

ところで、すでに触れたように、縄文時代にすでに稲作は行われていた。縄文中期末（約四五〇〇年前）の土器の表面に、稲籾《いなもみ》の圧痕《あっこん》が付いていたのだ。「本当に稲なのか」と、疑われることもあったが、イネ科植物に含まれるケイ酸の化石（プラントオパール）が、縄文後期中ごろの土器の胎土に含まれていたことから、縄文時代の稲作は、確実視されるようになった。ただし、水稲ではなく、陸稲だった。また、縄文後期中ごろから、オオムギ、ハトムギ、ヒエ、アワなどの穀物や豆類の圧痕も見つかっている。

また、縄文系と思われていた突帯文土器の時代に、すでに水田稲作が行われていたのは、北部九州沿岸部だけではない。四国、中国、近畿でも、同じように、水田稲作民が登場していたのだ。

穀物を栽培していた縄文後・晩期の西日本の縄文人を、考古学では「園耕民」と呼ぶ。彼らは川の下流部には住まなかった。たとえば稲作がもっとも早い段階に始まった早良《さわら》平野でも、園耕民は、川の中流、上流で暮らしていた。縄文人は低湿地を好まない。縄文海進によって海面が高かった時代から続く伝統だ。穀物だけではなく、さまざまな手段で食料を調達する園耕民は、川の上流側を選んだ。

ところが、縄文時代の晩期は冷涼多雨で、下流域に稲作に適した低湿地が形成されつつあった。これは偶然なのか、あるいは、この自然条件があったから、縄文人が生業を変えようと決意したのかどうか、よくわからないが、ここで水田稲作が始まったのは間違いない。

この時代の遺跡からは、水田稲作に用いる新たな道具に交じって、縄文人が陸稲栽培に用いた打製の土掘り具が見つかっている。また、食料も、縄文時代以来継承されてきたような、「多彩な食物（イノシシやシカなどの動物、魚貝類、ドングリ）採取がメインで、米食は補完」と考えた方が正確なのだ。二つの生産方式を並行して行っていた。初めは従来の食料を補完するために、水田稲作を選択したわけである。

ただし、やがて水田の面積は広がり、採集や狩猟は下火になっていくのである。

そしてもう一つ、縄文から弥生への転換期を考える上で大きな意味を持ってきたのが、「いつごろ水田稲作を始めたのか」だった。

かつて、弥生時代の始まりは、紀元前三〇〇年から、同五〇〇年ごろと信じられていた。このころ、中国大陸では、春秋戦国という大混乱の時代だったのだ。多くの難民が海に逃れ、日本列島に押し寄せて、弥生時代は始まったと信じられていた。ところが、炭素14年代法によって、弥生時代の始まりは紀元前十世紀後半と考えられるようになり、「稲作を選択したのは縄文人だった」という考古学の証言とも、一致してきた。さらに、稲作はゆるやかに東に伝わっていったと考えられるようになった。

考古学者・金関恕《かなせきひろし》は、『弥生文化の成立』（角川選書）の中で、弥生時代の始まりを、次のように総括する。要約しておく。

（1）イネは遅くとも縄文時代後期に日本に伝わり陸稲として栽培されていた。
（2）朝鮮半島南部とは密接な交流があり、縄文人が主体的に必要な文化を取捨選択した。
（3）縄文人と渡来人は当初棲み分けを果たし、在地の縄文人が自主的に新文化を受容した。

（4）まとまった渡来人の移住は、弥生時代初期ではなく、そのあと。

こうして、「渡来人に席巻されて稲作が広まった」というかつての常識は、完璧に覆されたのだ。

弥生土器に影響を与えた縄文土器

弥生土器の成立に、東の人間がかかわっていたことが、次第にわかってきた。このあたりの事情も、知っておく必要がある。

縄文晩期終末の東日本の縄文土器は、じわじわと西に動いていた。ただ、晩期前半に近畿地方で足踏みし、晩期後半には、動きそのものが衰弱してしまう。ところが（原因はわからないが）その直後から、急激に動き出す。九州を飛び越え、奄美地方まで到達するから、爆発的な広がりだ。

西日本に広まった土器は、西日本の土（在地の土）を使っている例があるので、縄文系の人びとが現地に赴き、作っていたことがわかっている。しかもこのとき、農耕の第一歩が、北部九州の沿岸部で始まっている。こののち、弥生文化が北部九州に定着すると、この東から西への流れは終わり、土器の移動は、関東地方で停滞するが、東の土器が西側に影響を与えていた現象を、無視することはできない。たとえば、弥生土器誕生の重要な要素の一つに壺形土器がある。朝鮮半島の青銅器文化の壺形土器から、影響を受けたと、信じられてきた。しかし、両者の間には、技術的に大きな隔たりがあったことが、次第に明らかになってきた。そして、弥生時代開始直前の東北地方で、壺形土器が増えていたのだ。どうやら、こちらが元祖のようだ。

ここに来て、東日本系の土器が西日本一帯で多く出土するようになった事実が、大きな意味を持ってきたのだ。

それだけではない。中村五郎は、弥生時代を代表し、西日本に広く流通した遠賀川式土器の文様が、東北地方や中部地方の縄文晩期の土器の文様とよく似ていると指摘している（『弥生文化の曙光　縄文・弥生両文化の接点』未來社）。

ただし設楽博己は、中村五郎の仮説は、「やや実証性を欠いていた」という（三十数年前の学説なので、考古学史料がそろっていなかったのだ）。そこで改めて、この問題に取り組み、別の形で縄文土器が弥生土器に影響を与えたことを突きとめている。さらに東北地方の土器が、間接的な形で遠賀川式土器につながっていることも突きとめている。

まず設楽博己は、縄文土器と弥生土器の作り方が異なっていること（縄文は内傾接合、弥生は外傾接合）、朝鮮半島から新たな技術が流入したことを認めている。ただし、弥生土器が北部九州で生まれたのは当然のこととしても、どのように生まれたのかが問題だと指摘している。というのも、弥生土器が東北地方の亀ヶ岡式土器の影響を受けている可能性が高いからとする。

高知県土佐市の居徳《いとく》遺跡で、赤い漆で塗られた壺形土器が見つかっていて、居徳遺跡は高知平野でもっとも早く稲作が始まったところなのに、この壺形土器は、東北地方北部産（亀ヶ岡式土器）で、一〇〇〇キロメートル離れた場所からもたらされていた。また、文様は縦長の長方形パネルを横に連ねた連子窓《れんじまど》のようなもので、これは隆線連子文《りゅうせんれんじもん》と名付けられた。

一方、同時期の北部九州で見つかった壺形土器に、二条一対の弧線を上下の区画線の中に横に連ねていく図柄が施されていて、これを隆線重弧文《じゅうこもん》と呼んだ。佐賀県唐津市の大江前遺跡や弥生時代の出発点ともいえる雀居《ささい》遺跡（福岡市）、板付遺跡（福岡市）などで見つかっている。雀居遺跡では、北陸地方の矢羽根状文《やばねじょうもん》や流水文をあしらった土器が見つかっていて、これらはみな、亀ヶ岡式土器の工字文《こうじもん》がもとの姿だ（ちなみに重弧文とは、平行沈線の束で心円状に重ねた半円が続く文様）。隆線重弧文と隆線連子文は、弥生時代早期の同時代の文様だ（隆線連子文は縄文晩期だが、北部九州で先に弥生時代が始まっていた）。

どれもこれも、縄文の祭祀と関係のある文様だったことは、無視できない。

三つの要素が弥生土器を生んだ？

「重弧文」は、弥生前期の遠賀川式土器の典型的な文様だったが、それは「沈線重弧文」で、隆線重弧文には、直接つながらない。遠賀川式土器の同じモチーフは、東北の亀ヶ岡式土器にはなく、在地の縄文晩期の土器に見出される。ただし、「二条一対」という隆線重弧文の原則そのものは、高知の居徳遺跡から出土した東北の隆線連子文にも共通で、遠賀川式土器の誕生は、在地系（北部九州）の土器が発展したとしても（隆線重弧文→沈線重弧文）、間接的に亀ヶ岡式土器の影響があったことを裏付けている。

つまり、亀ヶ岡式土器の文様「隆線重弧文」が、北部九州で受け入れられ、北部九州で独自の「隆線重弧文」が生まれ、これをヘラで沈線で描き、「沈線重弧文」が生まれたということになる。この文様は、縄文の息吹を継承している。

設楽博己は、これらの物証をもとに、次のように述べる。

これまで弥生土器の成立の研究といえば、北部九州の縄文土器からの自律的な変化を中心として、それに朝鮮半島からの影響を加味しながら進められてきたが、（中略）東日本の縄文文化がかかわっていた疑いも生まれた（『縄文社会と弥生社会』）

無視できない指摘だ。

さらにこの仮説には、いくつもの証拠がある。

まず、遠賀川式土器の典型的な文様は「木葉文《このはもん》」で、かつて縄文晩期前半の土器とよく似ていると指摘されていた。ところが、五〇〇年の開きがあり、この時間の穴を埋めることができなかった（縄文時代とはいえ、五〇〇年の開きは大きい。今から五〇〇年前の文化を想像してみればわかる。室町時代の終わりごろ、戦国時代の幕開けのころだ)。そして、縄文晩期後半の木葉文に注目が集まり、さらに、その木葉文は、縄文晩期の亀ヶ岡式土器に施された「三叉文《さんさもん》」にも通じている。東日本系土器には三叉文が多く、系統をたどっていくと、北陸地方の晩期の土器に多い三田谷《さんただに》文様にたどり着き、また、この文様は、中部高地地方の縄文晩期終末の土器にも影響を与えている。この三田谷文様が、遠賀川式土器の木葉文になったと考えられるようになった。

要は、北陸を中心に東日本で盛行した文様が、北部九州に伝わっていたわけだ。

設楽博己は、次のように述べる。

これまでの弥生文化の形成と日本列島におけるその波及に関する研究は、西から東へと弥生文化が広まったという伝播《でんぱ》論的な側面が強かったが、朝鮮半島を含めて異なる性格をもった、少なくとも三つの系譜の集団がかかわっていたことの意味を、今後追究していかなくてはならないだろう(前掲書)

弥生文化に関しても、かつての常識は、もはや通用しないのだ。

弥生文化はバケツリレーで広まった?

くどいようだが、炭素14年代法によって、弥生時代の始まりが数百年古くなった。ちなみに、なぜここまで大きく、年代観がずれていたのかというと、炭素14年代法が確立する以前は、土器編年によって、「おおよその年代」を推定していたのだ。つまり、この土器よりもこちらの土器の方が古い、という、「土器が作られた順番」を正確に把握し、それを並べていき、東アジアの土器と比べたり、出土する地層も鑑《かんが》み、などなどの作業を積み重ね、年代観は「推定」されていたのだ。しかし、世界中の考古学者、史学者が炭素14年代法を認めるようになったため、日本だけが従来の年代観にこだわっていると(こだわりたくなる気持ちもわかるのだが)、世界の年代観と合致しなくなってしまうのだ。

この結果、稲作の急速な普及という前提は、崩れ去った。征服者が押し寄せてきたのではなく、「バケツリレー」という言葉が使われるようになった。そして逆に、なぜ稲作は、一度東への進出を停滞させたのか、という謎が湧きあがってきたのである。

日本の「農耕社会化」は「弥生化」と呼ぶ。小林青樹は、弥生化に時間がかかった理由を、目に見えない「縄文の壁」があって、文化的攻防が勃発していたからだと指摘している（『歴博フォーラム　弥生時代はどう変わるか』学生社）。

どういうことか、説明しておこう。

小林青樹は、縄文人が壁を取り払い、弥生人になるためには、大きな決断が必要であり、また水田稲作を始めるには、共同作業をするのだから、集団の同意がなければならなかったと指摘する。また、新しい社会の枠組みを構築する必要もあったと、まず前置きをする。その上で、「縄文の壁」は、六つの地域に存在したという。(1) 南島の壁、(2) 九州の壁、(3) 中国地方と四国の壁、(4) 中部の壁、(5) 東日本の壁、(6) 北海道の壁だ。このうち、南島と北海道は、弥生時代には突破できなかった。

北部九州でも、水田、環濠集落、金属器、弥生土器すべてがそろうまで、約二〇〇年を要している。弥生時代前期の関門海峡の東側では、日常生活でいまだに縄文系の道具類を使用していた。また、板付遺跡を起点にして、関東に弥生文化が到達するまで、四〇〇～五〇〇年、最初の水田が北部九州にできてからだと、約七〇〇～八〇〇年かかっている。したがって「弥生時代」と一つに括ってしまっているが、その弥生時代の三分の二の時間は、縄文的な暮らしを守ろうとする人たちと、新しい生活を始めた人たちが共存していた時期だったことになる。

この間、兵庫県神戸市付近（新方《しんぽう》遺跡。明石駅の北側）では、弥生前期に、無理やり近畿側に越えようとした「弥生人」と在地民の間に小競り合いがあったようだ。縄文系の人骨が出土していて、六体の人骨のうち、五体に石鏃《せきぞく》が伴っていたのだ。十数本の矢を受けていた。

ちなみに、明石付近の地形は特殊で、台地が海岸に迫り、対岸には淡路島が居座り海峡を形成し、西から畿内に侵入する者を阻む場所だった。のちに、ここから東側が畿内と定められたこと、弥生と縄文の争いが起きていたことは、無視できない。

それはともかく、近畿地方が弥生化を始めたのは、紀元前六〇〇年ごろだが、一〇〇年ほど、縄文と弥生の棲み分けが起こり、なかなか純粋な弥生化には至らなかった。石棒などの縄文系祭祀具が守られ、信仰や世界観を変えることができなかったようだ。春と秋に展開される弥生の祭りに、縄文人はなじめなかったのだろうか。

そしてこのとき、近畿の人びとが始めたのは、銅鐸の祭祀で、石棒の分布域と初期の銅鐸の分布域がぴたりと重なるという（中村豊『季刊考古学　第86号』雄山閣）。新来の大陸系の祭祀に縄文的な信仰が融合したわけである。

弥生の祭殿も縄文的？

さらに小林青樹は、弥生時代の祭殿の一つ、独立棟持柱《どくりつむなもちばしら》付建物（棟持柱は建物の側面にやや離れ、棟を支える柱）は、東北や北陸の縄文時代後半の建物が起源ではないかと推理する。筋違《すじかい》遺跡（三重県松阪市）で弥生時代前期の最古級の独立棟持柱付建物が見つかっているが、ここは東日本との接点であり、古い銅鐸と弥生祭殿の出発点が、東日本の西の接点だったところに、注目している。

こののち、中部の壁を越えて、関東南部に弥生文化が押し寄せるのは、紀元前三〇〇〜同二〇〇年のころだ。神奈川県小田原市の中里遺跡に、関東で最初の灌漑《かんがい》水田が出現したのだ。それまでは、中部関東の台地上で、移動性の高い陸稲を栽培していた。だから、食料貯蔵のための貯蔵穴の数は少なく、あったとしても、規模も小さい。

関東が容易に弥生文化を受け入れようとしなかった理由を、小林青樹は、「再葬墓」というキーワードで説明する。

再葬墓造営集団は、同じ祖をいただく小規模の集団で、死者の遺体を腐らせ、数回にわたって処理し、白骨化させて埋葬し、先祖の仲間入りを果たす。このとき、歯や指骨をとりだし、穴をあけて身に着けた。祖先から続く絆と、集団の再葬墓を聖地と見なし、集って暮らしていたのだ。再葬墓の分布は東日本一帯で、西側の端は「中部の壁」とほぼ一致する。

これに対し、稲作民は地縁でつながり、集住した。再葬墓造営集団の集合原理とは、異なっている。だからこそ、東の再葬墓を造る人びとは、弥生社会への変換は難しかったのだろうと推理したのだ。

逆にいえば、再葬墓造営と先祖祭祀を脱却することで、水田稲作社会への転換は可能だったのだ。しかも、弥生時代の東日本の再葬墓は、西方の弥生文化が神聖視していた壺棺を用いるようになっていた。少しずつ、新しい文化に適応する準備は進められていたのだ。

それだけではない。関東最初の灌漑水田が見つかった中里遺跡には、瀬戸内系の土器が約五パーセント含まれていた。しかもその土器は特殊なものばかりで、神話を想起させるような絵画が描かれていた。これは、祖神や農耕神に供えられていたと思われる。さらに、中里遺跡には、独立棟持柱付建物が集落の中央に建てられ、いくつかの集団をまとめ上げるシンボルとなっていた。

これもすでに述べたように、独立棟持柱付建物は、もともと縄文時代のもので、西側から東に逆輸入された形になった。そして、このあと、関東に、水田がもたらされるのだが、それは、旧利根川から西側だった。ここに、次の縄文の壁が誕生したのである。

ところで、小林青樹は、縄文の壁を、「弥生文化適応にたいする縄文文化側のイデオロギー的抵抗」（『歴博フォーラム　弥生時代はどう変わるか』）とするが、東方に稲作が広まるのが遅れた理由の一つに、この時代にくり返された環境変動を挙げている。環境悪化のたびに、リスクを軽減するために、集団を小さくし、分散、移動する努力を重ね、その不安を取り除くために、同族の祖を重視し、再葬墓を守り続け、水耕に踏み切れなかったというのである。

戦争は農耕とともに始まった

東の縄文人は、なぜ弥生化を拒み続けたのだろう。それは、信仰上の理由からだろうか。あるいは、信仰を含めた「システム変更への抵抗感」なのだろうか。東の縄文人たちは、弥生文化の何を嫌ったのだろう。
広瀬和雄は弥生文化が、日本文化の源流として、次の三つの特性を持っていたと指摘している。端的に弥生時代を表現していて、じつに参考になる。

第一は、水田稲作や金属器の製作・使用に代表される大いなる技術革新で、文明社会のいわば正の側面である。第二は、社会の階層化や戦争や環境破壊など、その負の側面とも言えるものである。第三は、そうした正・負の要素が中国王朝を中核にした東アジア世界のなかで動きはじめる、いうならば国際化である（『歴博フォーラム　弥生時代はどう変わるか』）

中里遺跡から出土した東部瀬戸内系土器(小田原市教育委員会所蔵)

かつて、弥生時代の始まりは、文明開化と見なされていた。それが、第一と第三の指摘にあたる。その一方で、第二の負の側面も、ようやく注目されるようになってきたのだ。それは特に、九州や西日本で顕著だった。

北部九州で始まった水田稲作は、大きな社会変革をもたらした。

具体的にいえば、富が蓄えられ、首長(王)が生まれた。弥生時代の到来によってもたらされた「縄文と異なる文化要素」は、水田だけではなく、武器、環濠も重要だった。水田は、それまで園耕民が行っていた農作業とは比べものにならないほど大規模で、人びとの共同作業が求められた。そして、それを指導し指揮する者が集団のトップに立つ。

こうして、弥生化が進むと、戦争が勃発する。コリン・タッジは人類が戦争を始めたのは、農業を選択したからだと述べている（竹内久美子訳『農業は人類の原罪である　進化論の現在』新潮社）。おそらくその通りだろう。余剰が生まれ、人口は増え、新たな農地と水利を求め、争いが起きた。日本列島でも、組織的な戦争は、弥生時代から始まったようだ。

佐原真も日本で初めて戦争が起きたのは弥生時代だといっている。神話の中で日本の国土は武器（矛）を用いて作り出された。乱暴者のスサノヲをアマテラスは「弓矢」で迎え撃とうとしている。葦原中国《あしはらなかつくに》の平定に向かった武甕槌神《たけみかづちのかみ》は剣の神だ。天孫降臨も神武東征も、武人が活躍する（『大系日本の歴史1　日本人の誕生』小学館）。日本神話の神々は、好戦的で弥生的だ。

その上で、戦争を次のように定義している。すなわち「考古学的事実によって認めることの出来る多数の殺傷をともないうる集団間の武力衝突」（佐原真編『古代を考える　稲・金属・戦争』吉川弘文館）だという。そして、戦争の証拠の九割は、農耕社会から出土すると指摘する。

戦争が始まった具体的証拠

さらに佐原真は、具体的な証拠を、以下の通り羅列する。要点をまとめておく。

A　守りの村＝防御集落（町・都市）高地性集落　環濠集落　逆茂木《さかもぎ》　など
B　武器＝弓矢、剣、矛、戈、武具　など
C　殺傷（されたあとを留める）人骨
D　武器の副葬＝遺体に副《そ》える
E　武器形祭器＝武器の形をした祭祀、儀式の道具
F　戦士・戦争場面の造形

その上で、このような考古学資料が見つかる地域は、北部九州から伊勢湾沿岸までの範囲で、環濠集落・高地集落が存在し、鏃が発達していること、この地域で戦争が起きていたこと、南部九州・長野・北陸・新潟・東海・南関東は、戦争は知っていたが実際に戦っていたかどうかはわからない社会だと指摘している（前掲書）。

ヤマト建国の直前には倭国大乱が勃発していたが、春成秀爾《はるなりひでじ》はその原因を鉄と流通にあったと推理している（吉田晶・永原慶二・佐々木潤之介・大江志乃夫・藤井松一編『日本史を学ぶ1　原始・古代』有斐閣選書）。

抗争が始まったのは弥生中期中ごろで、人口増に伴い、前期の氏族社会が一度分裂し、新たな耕地を開発する段階だった。農業共同体ごとに、高地性集落が形成されるが、その分布域が、銅鐸文化圏とほぼ重なる。高地性集落は防御力が強く、「攻められる側」と、想定できる。この文化圏内では、石製武器や石製利器が原産地集団から交易によってもたらされ、この中で抗争が起きていた可能性が高い。乱は石器を多用する時代に勃発したが、鉄器時代に移行し終わった時点で収束していることに、春成秀爾は注目している。

朝鮮半島南部から鉄を輸入するに際し、見返りの物資がなければ手に入れられない。さらに、石器に比べて格段と効率のよい利器を私的所有することで、「原始的平等で貫かれた農業共同体の真只中に重大な矛盾をもちこんだ」（前掲書）といい、集団内での公平を期すために、他の農業共同体から財を奪ったという。これが倭国大乱の真相ということになる。

いずれにせよ、弥生時代に本格的な戦争が勃発していたことは、間違いない。

縄文人は戦争を誘発する農耕を狂気と見なした?

もう少し、農耕社会と戦争についてこだわってみたい。

人類学は、人口の急増を問題視する。穀物の高栄養が、寿命をのばし、幼児の死亡率を下げる。穀物から離乳食を作れるので、乳離れが早まり、多産が可能となる。子供も老人も、労働力としてある程度期待できる。かたや集団移動をくり返す狩猟社会では、子供は足手まといだ。

狩猟社会では、食料の種類は豊富だったが、農耕の場合、資源は単一化する。不作になれば、命がけでよそから食料を奪ってこなければならない。ここで、戦争が始まる……。しかも、土地や水利の奪いあいも起きるわけだから、恨みが恨みを買い、戦争は反覆し連鎖していく恐れもあった。

もう一つ、定住生活の始まりが、戦争を招く可能性がある。苦労してせっかく開墾した土地で、人びとは農耕を営む。土地に対する執着が、排他的な発想に結び付いていくというのだ。

ただしそうなると、三内丸山遺跡のように、「定住生活を始めていた縄文人」の場合はどうなるのか、という問題が立ちあがる。そこで、「思想」がからんでくるのではないか、とする説が登場する。

考古学者マーク・ハドソンの次の仮説がある。大陸ですでに行われていた農耕を、縄文人たちは知っていたはずなのに数千年もの間手を染めなかったのは、縄文社会側のイデオロギー的な抵抗だったのではないかとする。この考えに共鳴した松木武彦は、この「抵抗」は、戦争にも当てはまると考えた。縄文時代、すでに大陸では戦乱が起きていて、朝鮮半島にも迫っていた。しかし縄文人たちは、それを無視している。

本格的な稲作農耕と戦争とは、当時の東アジアの地域では、一つの文化を構成するセットをなしていた可能性が考えられる。だとすると、固有の伝統を守りつづける傾向が強かった縄文の人びとが稲作農耕を「拒絶」したことが、それと表裏の関係にあった戦争の導入をもはばむ結果につながったのではないか

（松木武彦『人はなぜ戦うのか　考古学からみた戦争』講談社選書メチエ）

なるほど、無視できない指摘だ。稲作農耕を拒絶したことで、表裏の関係にあった戦争を、たまたま阻むことになったのかというと、むしろ「農業を始めれば戦争になる」という現実を目《ま》の当たりにした縄文人が、「狂気の沙汰」と察知し、だからこそ、稲作を拒み続けた可能性も考えてみたい。縄文的な文化を残した人たちは、なぜかその後、水田稲作を選択しても、「強い王の発生を嫌う」傾向にあるからだ。

ただし、狩猟民族が平和的で農耕民が戦争好きという単純な図式で括ってしまってよいのか、という反省も登場している。

たとえば、世界史レベルで見れば、石器時代にすでに人は戦っていること、英語圏の武器「weapon」は、石製利器を含むことなどが指摘されている。また、縄文人骨の中から殺傷痕が認められるものも見つかっている。

戦争の発生原因を農耕社会の発達や円熟に求めず、社会そのものの複合化や階層化社会の発展段階と結びつける見解もままみられる（森岡秀人『列島の考古

学 弥生時代』)

と、慎重な態度が求められている。しかし、日本以外の地域の新石器時代は、農耕社会であり、縄文人も、人を恨めば殺人もしただろうが、組織的な戦闘の痕跡は見当たらない。ここが、大きな意味を持っている。

じつは、ヤマト建国も、この縄文的な発想によって成し遂げられたのではないかと、筆者は疑っている。ヤマト建国の直前まで、日本列島は、「倭国大乱」と中国側に記録されるほど混乱していた。その騒乱を、魔法のように収拾した事件が、ヤマト建国だった。それこそ、縄文的な発想の賜物ではなかったか……。

縄文時代と弥生時代に断絶はなかったように、縄文とヤマトも、つながっている……。

緩衝地帯となった中部地方

縄文とヤマトのつながりを考える上で、鍵となる地域がある。その話をしておかないと、先に進めない。

すでに述べてきたように、北部九州で先住の民が稲作文化を受け入れ、人口爆発を起こしながら、その影響は徐々に東に進んでいった。そして、弥生時代前期に、伊勢湾地方に到達している。弥生時代の始まりが紀元前三世紀、あるいは紀元前五世紀と考えられていたころは、「稲作はあっという間に東に向かった」「稲作は圧倒的だった」と解釈されていたが、炭素14年代法によって、紀元前十世紀後半の可能性が高くなってきて、「徐々に東に伝わっていった」と考えられるようになった。

縄文色を濃く残した東国（関ヶ原から東側）に弥生文化がやってきたとき、複雑な化学反応を起こしている。ヤマト建国の真相を知るためには、ここが大切になってくる。そこで、すでに稲作文化の西から東への流れは語ってきたが、ここだけは、もう少し詳しく確認しておきたいのだ。時代も、縄文時代から弥生時代への移り変わりまで、一度さかのぼる。東西の境目が、戸惑いつつも、複雑な動きを始めるのだ。

縄文時代晩期、中部地方の西側の境、ちょうど高山本線が通る東西、岐阜県を中心とした北陸、東海地方西部の南北に長い帯状の地域に、磨製石器が出現している。それが、比良型呪術石器《びらがたじゅじゅつ》で、器面に沈線文や突起があって、幼虫（サナギ）

のようにも見える「第二の道具（呪具）」だ。石川県、新潟県、近畿地方、中国地方にも少数拡散している。石川県鳳珠《ほうす》郡穴水町《あなみずまち》の比良遺跡から出土した石器は、皇室に献上されたため、御物石器と呼ばれもしている。弥生時代中期初頭の石川県の遺跡からも出土している。

縄文の最後を飾るこの時代、東西日本は二つの文化圏に分かれていた。東の亀ヶ岡系土器文化圏と、西日本の突帯文系土器文化圏だ。そして、西日本に稲作が伝わり、中国や朝鮮半島の影響を受け、突帯文土器から文様が消え、無文土器へと変化し、三万田《みまんだ》式土器（黒色磨研系土器）が生まれたのだ。

こうして、西の弥生化した三万田文化圏と東の縄文色を残す文化圏が誕生し、かつての比良型呪術石器の分布域が、縄文と弥生の対立状態の緩衝地帯へと変貌していく。

比良型呪術石器は、西方から押し寄せる稲作文化を押し返すための祭器と思われる。小林達雄は「東日本の前線基地が西日本を意識しているから」と、指摘している（網野善彦・大塚初重・森浩一監修『シンポジウム［日本の考古学 2］縄文時代の考古学』学生社）。

この比良型呪術石器分布域の南西の隅に、朝日遺跡がある（愛知県清須市・名古屋市西区。東西一・四キロメートル、南北〇・八キロメートルの環濠集落）。西側から東側へと向けた弥生文化の出城のように食い込んだ最前線だ。縄文時代後期の集落の痕跡も見られ、弥生時代になると、弥生集落が形成され、縄文的な文化圏、中部地方の内陸部に向けて、西の文化を発信していく。

朝日遺跡の人びとは、ここから直接東側に乗り込んだわけではなかったようだ。最初は、西日本の土器の影響を受けた条痕文《じょうこんもん》土器を有する水神平《すいじんびら》文化圏（樫王《かしおう》・水神平式土器、条痕文系）を生み出している。ただし、水神平式土器が、縄文系なのか、弥生系なのか、はっきりとしているわけではない（これもグレーゾーンだ。じつにもどかしい）。

いろいろな考えがあるが、「弥生系ではないか」というところで落ちついている。本来の縄文土器に、弥生文化の影響を受けて、弥生的な土器に変わったというのだ。ただし、縄文的な条痕文をあしらっているところに、「縄文の意地」を感じることができる。

そして、水神平式土器の文化圏を形成していた遺跡はこのあと途絶え、西からやってくる本場物（?）の弥生文化に呑み込まれてしまうから、話は単純ではない。

揺れ動きつつも東に弥生の文化を伝えた中部

水神平文化の土器は、愛知県名古屋市付近から木曽川や長良川、天竜川の上流に向かって伝播していったが、これに初期の弥生を代表する遠賀川式土器も交じっていった。特に愛知県の荒古《あらこ》遺跡（知多市）や八幡上《はちまんうえ》遺跡（渥美町）では、遠賀川式土器が集中して出土している。東と西の物資交換所か、西側の進出拠点ができつつあったのではないかと考えられている。そしてこのころ、長野方面に、東海から水神平文化圏の人びとによって木棺墓という埋葬文化がもたらされている。

岡本孝之《おかもとたかゆき》は『新版［古代の日本］7 中部』（坪井清足・平野邦雄監修 角川書店）の中で、水神平文化について、西日本の縄文の終わりごろの三万田文化が弥生文化の成立によって水神平へと変化し、その水神平が西側から押される形で、東方に進出し、水神平を介在させて、中部地方西端で、縄文時代から弥生時代への転換が行われたと推理している。このため、東西の軋轢《あつれき》は緩和され、対立は弱かったというのである。

ここが複雑なところなのだが、水神平文化は抜歯や叉状研歯《さじようけんし》（縄文時代晩期の歯牙変工《がへんこう》。上顎の切歯に溝を彫り込む。歯の先が二、三叉）などのやり方が近畿地方と共通で、土器も部分的に三万田文化を継承していて、突帯文系土器群の伝統を維持しつつ、条痕文系土器群に変容している。この段階では、縄文への揺り戻しも起きていて、浮線文土器、黥面《げいめん》土偶が、出現していたのだ。

弥生時代中期、条痕文土器の整形による条痕は、東側の縄文的な文化の影響を受けて、波状文などの文様に変化していく。一方で、水神平文化圏の人びとは、木棺墓を中部地方にもたらしているが、東海地方の人びとが、長野県や群馬県に移住していたようなのだ。埋葬人骨に、東海系の抜歯様式を継承したものが登場している。

東海の弥生時代中期初頭、「弥生文化」は東に移動していない。北陸では、福井県に進入し、ここで留まっていた。ただし、「水神平文化」は動いている。ここが微妙な差なのだ。そのあと中期中葉になって、ようやく「弥生文化（弥生的農耕集落）」は東に向かいだした。

東西文化の狭間にあった東海地方は、こうして、西から東への文物の通過点、情報発信源と化していったのだ。ただし朝日遺跡では、弥生時代中期には、環濠、柵列、逆茂木《さかもぎ》、乱杭《らんぐい》など、防衛力の強化された遺構が見つかっていて、緊張した状況が、見てとれる。その後、弥生時代中期中葉には、東国にも大きな変化があった。関東海地方から太平洋を東に向けて、弥生的な集落、コロニーが次々と形成され、関東南部に弥生文化が流れ込んだ。また、水神平文化は役割を終え、この段階で消滅する。ただし長野県では、縄文色が色濃く残り、栗林式《くりばやしき》土器の文化圏が生まれていた。

このように、東西日本の中間、緩衝地帯にあった朝日遺跡周辺では、東西の軋轢と葛藤に翻弄され、複雑な動きを見せていたのである。

ヤマト建国直前に、まさにこの一帯で、「縄文復古運動」が始まり、三世紀後半から四世紀に起きた大事件、ヤマト建国につながっていったように思えてならない。ヤマト建国も、東西日本の反目と対峙と融合を念頭に置かないと、再現できない。そして、ヤマト建国で縁の下の力持ちになったのが、近江、東海、中部といった、東西日本の軋轢がたまった、「大地震の震源地」のような場所だった。ここに、大きな秘密が隠されていたのだ。

弥生時代の次に、ヤマト建国と古墳時代と歴史は続くのだが、ヤマト建国そのものが、「西から東」の文化と人の移動によって成し遂げられたというこれまでの常識は、もはや通用せず、実際には「東から西」であり、近江、東海を含めた近畿地方が「西側勢力に追い詰められて開き直った」結果、ヤマトが建国されたのだと思う。それは「縄文的な発想が根底にあった」から成し遂げられていたと筆者は推理している。その話を、このあと始めよう。

そこで、次章はヤマト建国に飛ぶ。

第四章

ヤマト建国と縄文人

何もなかった場所に巨大人工都市が出現

八世紀の正史『日本書紀』は、ヤマト建国を「天上界（高天原）の神々が葦原《あしはら》中国《なかつくに》を征服し、のちに神の末裔の神日本磐余彦尊《かむやまといわれびこのみこと》（神武天皇）が九州から東に移って成し遂げられた」と説明している。しかも、文明は西から東に移ったと長い間信じられていたから、朝鮮半島から渡ってきた人びとが九州で地盤を固めて、のちにヤマトを征服したと考えられていたのだ。

しかし、考古学が多くの遺跡を発掘していくと、このような単純な建国の物語は、描けないことがわかってきた。

ヤマト建国は三輪山麓の扇状地・纒向《まきむく》遺跡（奈良県桜井市）で始まった。三世紀初頭、それまで何もなかった場所に、巨大人工都市が出現したのだ。各地から土器が集まり、前方後円墳が誕生し、この独自の埋葬文化を各地の首長が受け入れ、造営した（造営の許可をヤマト政権が出したのだろう）。ここに、埋葬文化を共有するゆるやかな連合体（ネットワークというべきか）が生まれたのだ。纒向遺跡と前方後円墳の出現が、ヤマト建国を象徴していたし、纒向が日本列島（すべてではない）の

纒向遺跡の航空写真(桜井市教育委員会文化財課提供)

中心になったのだ。

纒向遺跡の規模は、東西約二キロメートル、南北約一・五キロメートルで、後世の平城宮(平城京ではない)などと遜色なかった。幅六メートル、深さ一・二メートルの溝が二本、V字形に南北から流れ出て、南西と北西に向かい、一点に集まっていた。総全長二六〇〇メートルの大運河だ。岸に矢板を建て、護岸工事も施されていた。

纒向遺跡の特徴は、いくつもある。まず第一に、農耕の痕跡がなく、政治と宗教に特化され

箸墓古墳と三輪山(桜井市教育委員会文化財課提供)

ていたこと、第二に、倭国大乱のあと、戦争を収拾する時期に出現したのに、なぜか防御のための施設が見当たらない。

「魏志倭人伝」に登場する邪馬台国は、二世紀後半から三世紀にかけて日本列島のどこかに存在したのだが、纒向遺跡と時代が一部かぶる。けれども、邪馬台国は、「楼観、城柵を備え、常に兵士が守っていた」とあるように、防御施設が整っていた。当時倭国は戦乱の時代で、これを収拾するために女王・卑弥呼が立てられたというのだから、当然のことだ。

邪馬台国の卑弥呼が亡くなったの

が、三世紀の半ばだが、纒向遺跡を代表する箸墓《はしはか》（箸中山古墳）の造営が、炭素14年代法によって三世紀半ばの可能性が出てきたことで、「邪馬台国は纒向で決まった」と、一般には信じられている。だが、これがじつに怪しい。「魏志倭人伝」の「邪馬台国には城柵があった」という証言と噛み合わないし、そもそも、炭素14年代法といっても、三世紀半ばから四世紀は、極端に誤差の大きい時期で、「もっとも古くみつもれば三世紀半ば」ということでしかない。したがって、箸墓が卑弥呼の墓だと決め付けるのは、勇み足としかいいようがない。

ヤマト建国に九州はからんでいない

纒向の特徴の第三は、各地から土器（外来系土器）が集まってきていたことだ。外来系の土器は、全体の三割弱を占める。内訳は、東海四九％、山陰・北陸一七％、河内一〇％、吉備七％、関東五％、近江五％、西部瀬戸内三％、播磨三％、紀伊一％で、無視できないのは、この時代もっとも栄えていた北部九州の土器がほとんど出土していないことなのだ。「北部九州の邪馬台国が東に移動してヤマトは建国された」という考えは、もはや通用しないのである。

それどころか、ヤマト建国前後の人の流れは、かつての常識を嘲笑《あざわら》うかのように、東から西なのだ。ヤマトや近畿地方の人びとが、大挙して北部九州に押し寄せている。これは考古学が示す客観的な事実だ。

ここに大きな謎が横たわる。

弥生時代後期の北部九州は、鉄器の保有量で、他の地域を圧倒していた。この時代の鉄は朝鮮半島南部（のちの伽耶《かや》の地域）が主な産地だった。倭人だけでなく、周辺の人びとが鉄を求めて群れ集まっていたことは、中国の歴史書に記録されている。北部九州勢力は、玄界灘に船を漕ぎ出し、果敢に鉄を求めていったのだろう。のちの時代、四世紀末から五世紀にかけて、高句麗《こうくり》が南下し、これを阻止しようと倭国が援軍を送り込んだのは、鉄の利権がからんでいたからだろう。

そして、ヤマトの発展を恐れた北部九州は、鉄を東に回さない策に出たようだ。出雲や吉備と手を組み、関門海峡と明石海峡を封鎖した気配がある。そのため、近畿地方は鉄の過疎地帯となった。

北部九州は「東側から攻められると守り切れない」という防衛上のアキレス腱を抱えていた。日田《ひた》盆地（大分県日田市）を東側に奪われると、背後から攻められる危険が増したのだ。逆に、ヤマト（奈良盆地）は、西側からの攻撃に強かった。そのために、一度ヤマトに強大な勢力が出現すれば、北部九州は太刀打ちができなくなる。そこで、鉄を回さない手に出たと思われる。

近畿地方は困窮したが、救世主が現れる。日本海側の但馬《たじま》や丹波（これをタニハと呼んでおく）が鉄を含めた先進の文物を、独自のルートを使い、近畿地方、近江、東海に流し始めたのだ。一帯は次第に富を蓄え、その後ヤマトに集結した。これが、纒向遺跡誕生の筋書きであり、あわてた吉備と出雲は北部九州との盟約を反故《ほご》にして、あわてて纒向にやってきたのだ。北部九州の土器がヤマトにやってこなかったのは、むしろ当然のことだった。そしてヤマト連合は、大挙して北部九州に押しかけたわけである。

日田の盆地の北側の高台に、纒向遺跡とほぼ並行して、政治と宗教に特化された居館跡が出現している。これが小迫辻原《おざこつじばる》遺跡で、近畿地方の土器が流入している。北部九州が恐れていた「防衛上のアキレス腱」をヤマトに奪われていたことは間違いない。そして、弥生時代後期の倭国を代表していた「奴国《なこく》（福岡市とその周辺）」にも、近畿地方の土器がなだれ込んでいた。

ヤマト建国の経緯は、ほぼ考古学によって再現可能となっていたのだ。ただし、だからといって、ヤマトが邪馬台国だったのかというと、それは話が別だ。

重要な意味を持つ明石海峡争奪戦

淡路島（兵庫県）の西側で、弥生時代後期の鉄器生産遺跡が二つ見つかっている。それが五斗長垣内《ごっさかいと》遺跡と舟木遺跡で、ここで鉄の道具を造っていたことがわかった。

邪馬台国畿内論者は、「やはりヤマト周辺に鉄はあった」こと、これも「ヤマトが邪馬台国だった証拠だ」と、ぬか喜びしているが、これは、大きな誤解だ。ヤマト周辺から、鉄がほとんど出ていない事実を無視することはできない。

平成二十七年（二〇一五）に淡路島（南あわじ市）から銅鐸（松帆《まつほ》銅鐸）が七個出土していて、出雲で見つかったものと兄弟銅鐸だったことがわかっている（同じ鋳型から作られた）。出雲から陸路で播磨《はりま》に出る道（のちの時代の出雲街道）をたどって播磨から船で運ばれてきたのだろう。鉄工房が作られた時代とずれているが、出雲と播磨がつながっていて、そのルートを通じて出雲と淡路島が結ばれて鉄（の素材）

を融通してもらったことは、十分考えられる。明石海峡を封鎖するためだ。

『播磨国風土記』に、気になる記事が残されている。播磨国の瀬戸内海沿岸部で、出雲の神とアメノヒボコが戦ったという話が載っている。『日本書紀』に従えば、アメノヒボコは第十代崇神《すじん》天皇を慕って来日し、但馬の出石《いづし》（兵庫県豊岡市）に拠点を構えた新羅《しらぎ》王子で、歴史時代の人だ。崇神天皇は実在の初代王と目されているから、これは、ヤマト黎明期の話と察しがつく。かたや出雲神は、説明するまでもなく、天孫降臨以前に活躍したのだから、時代設定がおかしい。

ただ、『播磨国風土記』は、『日本書紀』が完成するよりも早く、播磨から提出された地誌で、しかも都にもたらされて『風土記』に収録された文書は残っておらず、たまたま朝廷の「検閲」を受ける前の原本が、残っていたのだ。だから、『播磨国風土記』の時代設定が『日本書紀』と噛み合わないからといって、これを笑殺するのは、大切な証言を捨ててしまうことになりかねない。そしてここは、「出雲系とタニハ系の人びとが播磨で争った」と捉えることで、鮮やかな歴史が再現できる。

播磨国は出雲と陸路でつながっていたが、タニハに抜けるにも、標高一〇〇メートルに満たない峠を越えるだけで往き来できた。播磨に姫路城という要塞が築かれたのは、ここが戦略上重要な意味を持っていたからであり、だから、播磨は主戦場になりえた。

さらに、水路のカナメも播磨だった。明石市の神社には興味深い伝承が残されていて、推古天皇の時代（飛鳥時代）に、新羅の軍勢が攻めてきたので、負けたふりをして、北部九州から瀬戸内海を東に誘導し、明石で戦って神の加護を受け、勝利したという。この戦略、理にかなっている。

瀬戸内海の特徴は、四つの外海への出口が、異常に狭く、潮の満ち引きで、ポンプの役割を果たすということ、多島海なので、複雑な潮の流れを作ることにある。だから、関門海峡と明石海峡に挟まれた瀬戸内海は穏やかに見えるが、実際には水先案内人がいなければ、安全な航海は望めなかった。当然、海賊の巣窟《そうくつ》になったわけで、明石まで大軍を招き寄せておいて、ここで殲滅戦を敢行したという伝承は、何かしらの史実をもとにしていたのではないかと思えてくるのである。

そうなると、いよいよもって、明石海峡の重要性が理解できてくる。播磨の出雲とタニハの争いは、陸路の争奪戦だけではなく、明石海峡の制海権をめぐる戦いでもあっただろう。明石海峡の重要性がわかっていたからこそ、出雲は淡路島に鉄を渡したのだろうし、ヤマトにすれば、明石海峡を突破しなければ、鉄を手に入れられないともがいたのだろう。最終的に、ヤマトはこのラインを越えて北部九州に押し寄せたのだが、「淡路島」はヤマトから見て、「瀬戸内海のフタ」であり、その西側は、魔の海域に思えていただろう。のちに明石海峡の東側を畿内と定めたのも、当然のことだったわけだ。

前方後円墳ではなく前方後方墳が大きなヒント

ヤマト建国をめぐる謎解きで、避けて通れないのは、前方後方墳をめぐる問題だ。前方後円墳ではなく、前も後ろも四角い古墳である。

かつて、前方後方墳は前方後円墳を頂点とする古墳のヒエラルキーの一部を構成していると信じられてきた。前方後方墳は前方後円墳から派生したと、考えられてもいた。しかし、前方後円墳が出現する前後、前方後方墳は独自に各地に展開し、前方後円墳よりも先に広まっていた可能性が出てきた。

また、前方後方墳は伊勢湾沿岸部（濃尾地方を含む）で誕生したと考えられていたが、植田文雄《うえだふみお》は、纒向と近江、東海の土器編年を見直し、最初の前方後方墳は近江で造られていたことを突きとめている。それが、神郷亀塚《じんごうかめつか》古墳（滋賀県東近江市）だ。

すでに触れたように、ヤマト建国の直前、タニハが先進の文物を近江や東海に流していた。そのおかげで近江は急速に発展し、前方後方墳を生み出していたのだ。そしてこの埋葬文化は、関東や大阪、北陸に伝播していく。さらに、時代が下ると、信濃や東北、北部九州にも伝わっていく。吉野ヶ里遺跡（佐賀県神埼郡吉野ヶ里町と神埼市）にも、前方後方墳が伝わっている。

植田文雄は、前方後方墳が各地に伝播していく様子を、次のようにまとめている。

（1）ヤマトと四国の一部を除く各地の首長墓が、主に前方後方墳だった。

（2）同一、隣接地域内で同規格や相似形の前方後方墳が築かれていることから、築造の宝飾や設計図が存在していた可能性がある。

（3）前方後方墳の規模にばらつきがあり、階層分化が想定される。

（4）九〇～一二〇メートルという、巨大な前方後方墳が築造されるようになった。

（『「前方後方墳」出現社会の研究』学生社）

いまだに、史学者は前方後方墳にほとんど関心を示さないが、これから大いに注目されていくだろう。

この指摘の何が問題かというと、ヤマト建国に近江や東海が大きくかかわっていた可能性が高い、ということなのだ。近江や東海が成長したことで、ヤマトが刺激され、北部九州に対抗する連合体発足の起爆剤になったのではないかと思えてくるのである。

纒向遺跡に集まった外来系の土器の中で、近江と東海を足せば、過半数となる。それにもかかわらず、近江と東海の活躍が評価されてこなかった理由は、二つある。

まず第一に、弥生時代の文化は、西から東に流れていたという常識が邪魔して、「東からやってきた人たちは、労働力として狩り出されただけ」と、決め付けてしまったことだ。

そしてもう一つの要因は、邪馬台国畿内論者は、北部九州沿岸部から見て邪馬台国は南の方向にあるという「魏志倭人伝」の記事を、「南は東の誤り」と解釈し、北部九州の南側の邪馬台国は、北部九州の東側のヤマトと、推理した。そして、邪馬台国は南側の狗奴《くな》国と戦闘状態にあったという「魏志倭人伝」の記事を、「ヤマトの東側の地域と交戦していた」と、読みかえた。だから、近江、東海は、ヤマト（邪馬台国）に攻められ、敗北したのだろうと結論づけたのだ。

しかし、固定観念に縛られていては、「そこに見えている物証の意味」を見おとす。近江と東海とヤマトが戦っていた証拠など、どこからも提出されていない。殺傷痕を伴う遺骸も、見つかっていない。

衝撃的な伊勢遺跡

ここで一つ取りあげておかなければならない遺跡がある。それが、滋賀県の伊勢遺跡だ。霊山・三上山《みかみやま》の西麓にひろがる。

昭和五十八年（一九八一）、守山市と栗東《りっとう》市にまたがる微高地に、巨大遺跡が姿を現した。弥生時代後期を代表する巨大環濠集落、伊勢遺跡の発見だ。吉野ヶ里遺跡や奈良県の唐古・鍵遺跡と肩を並べるほどの規模を誇っている。楕円形（東西約七〇〇メートル、南北約四五〇メートル。面積約三〇ヘクタール）で、弥生時代後期（一〜二世紀）の倭国大乱の時代に最盛期を迎えていた。

ちなみに、近畿地方の弥生時代の巨大環濠集落は、中期に解体され集落は分散してしまうという謎がある。弥生時代後期の伊勢遺跡の巨大化は、例外的なのだ。塀（柵）で仕切られた方形区画に、大型の掘立柱建物一棟、独立棟持柱建物三棟が整然と並んでいた。ここは特別で、王の居館だったと思われる。

さらにもう一つ、他に例を見ない配列の建物群が見つかっている。集落の中心に、直径約二二〇メートルの円状に建物が配置されていて、中心を向いて約一八メートルの間隔で並んだ六棟の独立棟持柱付建物（実際には三〇棟あったはず）と、屋内に棟持柱を備えた大型建物が発見された。中心部には三間×三間の楼観が屹立していた。祭殿群と目されているが、なぜ、円形だったのだろう。そして、この規模は、度肝を抜かれる。

問題は、繁栄を誇ったのに、纒向の出現とほぼ同時に、一気に衰弱していたことなのだ。彼らはいったいどこに消えてしまったのか。邪馬台国畿内論者は、「ヤマトの東の狗奴国だから、敗北したのだ」と切り捨てるのだろうか。そうではなく、彼らは纒向に拠点を移したのではなかろうか。

鉄の過疎地帯に、大勢の人が集まってきたのは、大きな戦略があったからだろう。ヤマトに拠点を構えて「東」が団結すれば、北部九州の仕組んだ「関門、明石海峡封鎖作戦」も、打ち破ることができるという目算があったからだろう。西側の山並みに守られたヤマトを、近江や東海勢力が奪い取れば、まず出雲や吉備にとって脅威になる。ちなみに、日本海側では、出雲勢力が力をつけて、四隅突出型《よすみとっしゅつがた》墳丘墓を北陸に伝えていたが、中間のタニハの一帯は、これを拒否している。北部九州、出雲、吉備連合にタニハは抵抗し、だからこそ、近江と東海にヤマトに入るよう知恵を授けたのだろう。

この策は見事に的中した。まず吉備はまっ先にヤマトに靡《なび》き、出雲も、北部九州とのつながりを維持しつつも、ヤマト建国に参画している。もともと出雲と北部九州のつながりは強かったのだ。これは、考古学の物証からはっきりとしている。

縄文への揺り戻し運動

史学者の多くは、邪馬台国論争にばかり気をとられているから、近江と東海の動きを見誤っていたのだ。ヤマト建国のヒントは、目の前にぶら下がっていたのに、「邪馬台国の敵・狗奴国は近江や東海」という、誤った見識が邪魔をしていたのだ。

そして、ここがもっとも大切なところなのだが、ヤマトの纒向に集まってきた地域が、「ほぼ銅鐸文化圏」だったのである。彼らは、銅鐸の中に、縄文的な意匠を描いていた。ここを無視することはできなくなってくる。

銅鐸文化圏で、銅鐸はどんどん大きくなり、鳴らす道具から、観る道具（第二の道具）に化けている。その理由は、祭器を強い権力者に独占させないためだという指摘がある。北部九州の富を蓄えた強い王（首長）たちは、青銅器で作った武器を私有し、墓に埋納した。威信財を権力者が誇示し、身分の違いを見せつけていたのだ。これに対し畿内から東側の地域では、集落のみなで祭器を用い、比較的平等な社会を構築しようとしていたのだ。それは、彼らが縄文的な発想を継承していたからだろう。

ヤマトの王が実権を伴わない祭司王となったのも、銅鐸文化圏の人びとが中心となってヤマトを建国したからと考えると、合点がゆく。強い権力者を彼らは求めていなかったのである。だからこそ北部九州の富を蓄えた強い王たちに逆らったのだろう。

ヤマト建国とは、「縄文的な社会への揺り戻し運動」だったのではないかと思えてくる。主導したのは、もちろん、銅鐸文化圏の人びとである。

「ありえない」と、反発を受けそうだが、考古学者はすでにそう考えているのではないかと思える節がある。

縄文時代を通じて、西日本は東日本に比べて、人口が少なかったが、寒冷化した縄文後期は、西日本の人口が増えている。一部は、東日本から人の流入があったようだ。人口密集地帯だった関東から、北陸・東海、関西、中国、四国、九州へと人の流れがあったことは、すでに触れている。

やがて弥生時代になると、西側から水田稲作の文化が流れ込み、弥生化が始まる。また、弥生前期を代表する遠賀川式土器が盛行していったのだ。ところが、紀元前四〜三世紀からあとの瀬戸内や近畿では、文様を排した遠賀川系の土器に代わって、土器に櫛《くし》などの道具を用いて文様を刻む風習が戻ってきたのだ。これが、弥生時代中期後半の紀元前一世紀ごろまで続く。縄文中期の全盛期の土器に似ているのだ。

弥生前期の終わりごろから、分銅形土製品（フィギュア）が瀬戸内海を中心に登場する。これは、縄文時代晩期末に西日本で作られた土偶が起源だ。やはりこれも、縄文回帰現象といえる。

しかも、瀬戸内や近畿では、武器に打製石器が流行している。銅鐸も作られるようになるが、九州の銅剣や銅矛のように、富を蓄えた者のための武器を用意することはなく、青銅器が個人格差や地域間の序列を表すことはなかった。これを松木武彦は、「社会の構造や本質における縄文との共通性に根ざしたもの」と考える（『日本の歴史一　旧石器・縄文・弥生・古墳時代　列島創世記』小学館）。

これまでは、縄文時代から弥生時代へと、直線的に時代は移り変わっていったと信じられてきたが、瀬戸内や近畿、東海の社会では、タテ・ヨコ方向の序列が人工物に表現されず、土器の飾りやフィギュアが重視されていたといい、さらに、次のように述べる。

唯一神明造の伊勢神宮・内宮正殿(伊勢市)

同じ弥生時代の北部九州社会よりも、縄文時代中期の東日本の社会に、構造がはるかによく似ていると分析することができる。(中略)はるか中国に発した「文明」の遺伝子は、北部九州を経てこれらの地域にも浸透してはきたが、基本的な文化の形質そのものを変えてしまうには至らなかったということである(前掲書)

まさにその通りで、これまでの歴史観は、ここに大きく崩れていくのである。

ちなみに、神道も稲作民の信仰と信じられているが、そんなことはない。たとえば、伊勢神宮の唯一神明造《ゆいいつしんめいづくり》も、縄文回帰だった可能性が高い。

すでに触れたように、「伊勢遺跡」では独立棟持柱を用いた建物が見つかっていて、これは、伊勢神宮と共通だった。ここに神明造のルーツが隠されていた可能性も指摘されている（宮本長二郎《みやもとながじろう》『瑞垣《みずがき》』神宮司庁）が、すでに述べたように、独立棟持柱は、すでに縄文時代に北陸地方で造られていたものだ。

くどいようだが、弥生時代後期の日本を代表する伊勢遺跡は、ヤマト建国の直前に、近江に誕生した政治と祭祀のための都市だったのであり、ここにも、ヤマトと縄文をつなぐ接点が見出せる。

ヤマト建国のカラクリ

ヤマト建国の直前、タニハ（但馬や丹波）が、西側（具体的には北部九州と出雲）からの圧力をはね返し、さらに地の利を活かし、朝鮮半島と直接交渉を持ち、文物を近畿や近江、東海に流していた事実も、無視できない。興味深いのは、「但馬」だ。

すでに触れたように、縄文人はサケを好み、サケの遡上してくる川の周辺に住み続けた。気候と植生が生活するための条件を備え、その快適性は人もサケも同じだったから、縄文人の密集地帯とサケが遡上する川が重なっていたのだろうが、人の側には、「秋になればサケが食べられる」という条件にもなっていたはずだ。サケは神がもたらす恵みでもあった。

そして、サケがやってくる地域と、縄文晩期の亀ヶ岡土器の影響下に置かれた地域もまた、ほぼ重なっているという。そして、サケが遡上してくる最西端が円山川《まるやまがわ》で、そこがアメノヒボコの拠点「出石《いづし》」だったところに、大きな問題が隠されていると思う。

拙著『海峡を往還する神々』の中で述べたように、筆者はアメノヒボコは、日本側から朝鮮半島に渡り、鉄でひと山当て、富を蓄え、日本に凱旋した人物（あるいは末裔）と考える。

『新羅本紀《しらぎほんぎ》』（『三国史記《さんごくしき》』）に、倭国の東北一千里の多婆那国《たばなこく》の王の妃が身籠もったが、産まれ落ちた子は卵だったために棄てられ、朝鮮半島に流れ着き、のちに新羅王（脱解王《だつかいおう》）になったという記録が残っている。「倭国の東北千里」がどこなのか、はっきりとはわからないが、「多婆那国」は、「タンバ（丹波）」ではないかとする説が古くからあった。戦前に日韓同祖論者が唱えていたから、戦後無視されるようになったが、笑殺できない。「倭国」が「弥生的な人びとの住む地域」とすれば、わざわざ「倭国の東北」といっているのは、そこが、北部九州や出雲とは対立する別の領域の人びとだったからだろう。これまでの流れでいえば、「縄文的な習俗、文化を継承した人たちの住む場所（しかも、サケが溯上する川がある地域）」だ。

脱解王が朝鮮半島で鉄の王として成功し、その末裔が日本に戻ってきたとすれば「多婆那国（タニハ）の周辺に拠点を造る」はずで、それが、但馬のアメノヒボコだったと、筆者は推理したのである。

縄文的な発想を抱きつつ、西の「鉄を独占して東に圧力をかける悪いヤツら（いいすぎか？）」に対抗するために、タニハは銅鐸文化圏の人びとに働きかけ、ヤマトに拠点を造るようけしかけ、一方で播磨に侵攻し、明石海峡の制海権を奪いにいったのではなかったか。鉄を持たない東が勝つには、「団結すること」「ヤマトに集まること」「明石海峡を奪うこと」の、三つの条件が必要だったし、これをやれば、出雲と吉備は寝返ってくるという読みがあったのだろう。

そして、連合体の中心となる纒向が奈良盆地の東南の隅に置かれたところに、大きな意味が隠されていると思う。

すでに縄文時代に、「東」と奈良盆地は交流があって、その陸路の出入り口が纒向遺跡の南側だった。最古の市場・海柘榴市《つばいち》が造られたのは、まさに東西交流の場でもあったからだ。纒向は、「東側から来た人間がヤマトを支配するにはもっとも都合のよい場所」であり、いまだはっきりと固まっていない新政権のもとで、いざというときは東側の山や高台に陣を構えることも可能だったし、東に逃れ、あるいは東からの援軍を呼び込める場所だったのである。

もし、ヤマトが西側からやってきた者たちが中心になって建国されたのなら、盆地の西側、生駒山《いこまやま》周辺に拠点を構えただろう。『日本書紀』は古代最大の豪族・物部《ものの》氏の祖ニギハヤヒが、いずこからともなくヤマトに舞い下りたと記しているが、筆者はニギハヤヒを吉備出身と考える。物部氏の拠点となった大阪府八尾市周辺に、三世紀の吉備の土器が出土するからだ。ニギハヤヒや物部氏は、生駒山の周辺に地盤を築いた。彼らは、西からやってきて、東と手を組んだのだろう。ちなみに、生駒山はかつて「ニギハヤヒ山」と呼ばれていた。

神武天皇は縄文人に囲まれていた？

ヤマトは、東の縄文の文化を色濃く残した地域の人たちが主体になって、生み出した連合体だったのではないか……。じつは、天皇家の祖（ヤマトの王、大王）も、縄文的な人たちに囲まれていたし、天皇家自身も縄文的なのだ。

たとえば、初代神武天皇の取り巻きたちの話は、すでにしてある。大伴氏や久米《くめ》氏、阿曇《あずみ》氏らは、みな九州の海人《あま》で、入れ墨（黥面《げいめん》）の伝承を残している。

入れ墨は、縄文時代から継承されていたことがわかっている。

「魏志倭人伝」には、倭人がイレズミをしていると記されている。実際、弥生時代後期から古墳時代前期（二〜四世紀。まさに「魏志倭人伝」の描いた倭国、邪馬台国の時代）の黥面絵画が存在する。弧線文を重ね、頰から額に対向し、アゴにコの字の多重線を施す。地域的には、瀬戸内（岡山、香川）、愛知県域が起源で近畿にはなく、静岡、関東（千葉、茨城、群馬）に広がっていった。この時代の黥面絵画の意匠は、古墳時代の黥面埴輪《はにわ》に継承されていたのである。

ならば、三世紀の黥面絵画のルーツをさかのぼることは可能なのだろうか。設楽博己は、縄文晩期の黥面土偶から、弥生時代の黥面絵画の系譜は「型式学的にはスムーズな変化が追える」といい、縄文時代の黥面が、古墳時代まで継承されていた可能性を示した。その上で、「魏志倭人伝」に描かれた倭人の入れ墨の風習が、海外から持ち込まれたものというかつての常識を覆してみせたのである（小杉康・谷口康浩・西田泰民・水ノ江和同・矢野健一編『縄文時代の考古学10　人と社会』同成社）。

神武天皇といえば、今から二六〇〇年前に九州からヤマトに乗り込んだと『日本書紀』に記され、「神話的で信じることはできない」と切り捨てられてきたが、「縄文と神武」という視点で見直すと、興味深い事実が浮かび上がってくる。

そもそも、なぜ神武天皇は纒向ではなく、橿原《かしはら》（奈良県橿原市）に宮を置いたのだろう。しかも、この話、ただの創作と思えないのは、九州から付き従ってきた大伴氏、久米氏らが、橿原宮の周りを取り囲み、王家を守るように暮らしていたからだ。ここに何か深い理由が隠されていたのではなかったか。そして、神武天皇にはモデルがいたのではないかと思えてくるのである。

まず、神武天皇の母と祖母は二人とも海神《わたつみ》の娘だ。豊玉姫《とよたまひめ》が神武の父を産み、神武は玉依姫《たまよりひめ》が産んでいる。海神の娘になぜ「玉」の名がつくのかといえば、神功皇《じんぐうこう》后《ごう》が海神から潮涸瓊《しおひのたま》・潮満瓊《しおみつのたま》（如意珠《にょいだま》）を授けられたように、「瓊」＝タマ（玉）は、潮の満ち引きを自在に操ることができると信じられていたからだ。たとえばヒスイ（硬玉ヒスイ、新潟県糸魚川市産）は、海の荒れた日に海岸に打ち寄せられる。真珠は、海の底の貝の中から生まれる。どちらも、海の神からもたらされる神宝だから、潮の満ち引きを自在に操れると信じられていたのだ。

ちなみに、糸魚川市のヒスイは、縄文時代から珍重され、七世紀に至っても蘇我氏らによって大切に守られたが、八世紀に藤原氏が台頭して、無視されるようになった。

神武天皇はなぜ橿原宮にやってきたのか

ヤマトの纒向には、北部九州の土器がほとんどやってきていないこと、ヤマト建国の直後、人びとは東から西に移動していたことはすでに述べてある。とすれば、「神武天皇は九州からやってきた」という設定はなぜ生まれたのだろう。神武天皇が本当に九州からやってきたからではなかろうか。

興味深いのは、西から稲作文化が東に向かっていたころ、奈良盆地のまさに橿原市で、土偶の祭祀を執り行っていたことなのだ。

縄文時代中期後半から後期中葉にかけて、気候の寒冷化が進み、人びとは北から南、東から西に移動していた。だから近畿地方にも大きな影響を与えた。縄文晩期前半には、北陸や東海の影響を受けた土器が近畿地方に現れ、奈良盆地は、縄文から弥生の移り変わりの時代、「稲作文化」に最後まで抵抗した特殊な地域となっていった。橿原遺跡で土偶の呪術を行っていたのはこのころだ。

稲作をはね返そうとしていたというのが、一般的な考えだが、もう一つ理由があったように思う。それは、朝鮮半島や中国からもたらされる疫病の恐怖とその原因となっていた疫神《えきじん》を封じ込めることではなかったか。そして、神武天皇も、同じ目的で橿原にやってきていたとしたら……。

第十代崇神天皇こそ、実在の初代王と考えられているが、神武、崇神、どちらも「ハツクニシラス天皇」と称えられていることから、初代王の話は、神武と崇神の二つに分解されてしまったのではないかとする説もある。

崇神天皇の時代、疫病の蔓延で人口が半減し、占ってみると、大物主神《おおものぬしのかみ》の意志だとわかった（この場合、大物主神は祟《たた》る疫神となる）。大物主神は、「子に私を祀らせろ」と要求したので、大物主神の子の大田田根子《おおたたねこ》を探し出してきて祀らせた。すると、世の中は平静を取り戻したという。ちなみに大物主神は、三輪山に坐《いま》す神だ。

この大田田根子こそ、神武天皇だったのではあるまいか（拙著『神武天皇VS.卑弥呼』新潮新書）。そう思う根拠は、「疫病」と「疫神」だ。

古代人が恐れた（現代に至るまでだが）疫病の代表格が天然痘で、致死率は今の医学をもってしても、三割から四割だから、「人口が半減した」という『日本書紀』の記事は、あながち誇張とも思えないし、奈良時代にも、天然痘の流行に苦しめられている。天然痘は朝鮮半島や中国からもたらされるから、常に九州で大流行して、そのあと東に向かってきた。当時は細菌やウィルスが病気を引きおこすことなどわかっていなかったから、流行病は「疫神の祟り」に他ならなかった。だから、疫神と同等の力を持つ鬼（童子《どうじ》）を連れてきて、疫神を祀る必要があったのだ。それにふさわしかったのが、「疫神＝大物主神の子（童子）」だったわけで、その大田田根子の母の名が活玉依媛《いくたまよりひめ》で、神武天皇の母が玉依姫なのは、偶然ではあるまい。なぜ神武天皇が九州からやってきたのかというと、「疫神の故郷の神の子」だったからだろう。

大物主神の祀られる三輪山には磐座《いわくら》群があって、高宮《こうのみや》神社の祠《ほこら》が鎮座する。祭神は大物主神でない。日向御子《ひむかのみこ》という。

江戸時代から不思議に思われていて、国学者の本居宣長《もとおりのりなが》は「日向」は「東＝ヒ（日）＋ムカ（向）＋シ」で、東を向いて太陽を遥拝するという信仰から来ていると指摘している。日向御子を、三輪山の太陽信仰と結びつけた。この考えは、今でも通用している。三輪山は太陽信仰の中心地だというのだ。

しかし、祭神の名に「神」ではなく「御子」をつけたところがミソだと思う。御子は童子であり、童子は鬼と同意語だ。お伽話の中で鬼退治をするのが子供なのは、童子が鬼と同等の力を持っている暴れ者で、鬼そのものだからだ。また、鬼は平安時代以前「オニ」とは読まず、「モノ」と読んでいた。したがって「大物主神」は、「大いなるモノ（鬼）の主の神」であり、だからこそ祟ったのだが、大物主神の子が大田田根子ということは、大田田根子も鬼の子だったことになる。三輪山の日向御子は鬼であり、大田田根子であり、「日向」は太陽信仰とは関係ない地名だろう（日向は南部九州）。そして、「日向からやってきた御子（鬼）」といえば、思い

日本最古の道「山の辺の道」と三輪山

出されるのは、神武天皇である。

ヤマトの王は西からやってくる疫神を祀る祭司王として擁立されたのだろう。ただし、この背後には複雑な事情が隠されている。ヤマト建国直後に勃発していた主導権争いの結果、神武天皇は担ぎ上げられたのだと思う。詳細は他の拙著を参照していただきたい（『古代日本人と朝鮮半島』ＰＨＰ文庫）。ただ、ここで注目していただきたいのは、縄文時代から継承されてきた伝統「橿原から西に向けて行われた呪術」に則り、神武天皇が橿原に宮を築いた可能性のことである。

天皇家の母系の祖は縄文系？

神武天皇の母系は海神の娘という説話は『日本書紀』や『古事記』の創作ではあるまい。彼女たちは阿曇系で、阿曇氏は日本を代表する海人族だ。しかも、旧奴国（福岡県福岡市周辺）を拠点にしていた。「魏志倭人伝」だけではなく、『後漢書』にも奴国は登場する。当時の倭を代表する国として認められ、朝貢すると金印を授けられたという。江戸時代に偶然見つかった志賀島《しかのしま》の金印がこれだ。弥生時代後期に栄えたが、邪馬台国の時代になると衰退していった。また、ヤマトと周辺の人びとが北部九州に向かったとき、最初に奴国の地域になだれ込んでいる。

問題は、天皇家の母系の祖・阿曇氏のことだ。彼らのルーツをたどり、正体を明かすことは可能だろうか。

弥生時代に大活躍した海人は、渡来系と信じられてきた。たとえば東洋史学者の岡田英弘《おかだひでひろ》は、紀元前五世紀ごろに長江《ちょうこう》（揚子江）周辺に国が生まれ、呉《ご》や越《えつ》となっていくが、彼ら（越人）が倭人の祖で、長江下流域から東海岸に白水郎《あま》（海人）が暮らしていたこと、彼らが北上し、山東半島の東側から海を渡り、朝鮮半島と日本列島にやってきて海岸の低地を占領したと推理する。つまり、越人こそ、日本列島の海人の先祖だったといっている（『倭国』中公新書）。

しかし、縄文の海人の実力を、これまで甘く見てきたのだ。

すでに述べてきたように、日本を代表する海人たちは、古墳時代に至っても入れ墨の風習を残していたようだ。そしてその入れ墨は、縄文時代から連綿と継承され、発展してきた意匠である。

しかも、九州の西海岸から五島列島にかけて、縄文の海人の文化が息づいていた可能性が高い。

縄文時代の終わりごろから、南西諸島の「貝（腕輪になる）」が九州西岸を経由して、日本海や瀬戸内海に向けて運ばれていった。これは「貝の道」と呼ばれている。海人たちが果敢に大海原に漕ぎ出していたのだ。この貝の道に沿って、海人たちが拠点を造っていた。

その中でも、『肥前国風土記』松浦郡値嘉郷《ちかのさと》（五島列島）の段に記されている記事が、興味深い。それによれば、二つの島に土蜘蛛《つちぐも》が住んでいて、船を停泊させる場所があり、それぞれに二〇艘の小舟と一〇艘の大きな船を停泊させることができた。この島の海人（白水郎）は、馬や牛をたくさん飼っている。容姿は隼人《はやと》（九州南部の人）に似ていて、騎射を好み、言葉は俗人（肥前国の人）とは異なるというのだ。

なぜ海人なのに馬を飼い、騎射が得意なのかというと、海を渡って上陸し、川をさかのぼるとき、船を馬に曳《ひ》かせるのだ。だから、日本の在来種の馬は、みな小さい。船に乗せられる大きさなのだ。

問題は、五島列島の人びとは隼人に似ているというくだりだ。隼人は縄文的な文化を色濃く残す人たちだ。したがって、九州西岸から北西部にかけて、古墳時代に至っても、縄文的な海人が活躍していた可能性は高まるばかりだ。これは遺伝子という視点でも確かめられている。

倭の海人は縄文の末裔であり、天皇家の母系の祖・阿曇氏も例外ではあるまい。

海に囲まれていたから海人が生まれたのではない

古代の日本列島は、交易の盛んな土地だった。もちろん、海人たちが闊達《かったつ》に移動していたのだ。

縄文後期の佐賀県腰岳《こしだけ》産の黒曜石は、約八〇〇キロメートル南の沖縄本島（仲《なか》泊《どまり》遺跡）に運ばれていた。新潟県糸魚川市周辺のヒスイ（硬玉）の大珠《たいしゅ》は、縄文時代後期に一一〇〇キロメートル離れた種子島《たねがしま》に運ばれていた。秋田県昭和町原産のアスファルトは、北海道茅部《かやべ》郡南茅部町で見つかっている。

沿岸部で採取された魚介類や海産物の加工品は、内陸部にもたらされた。海産物の加工品が、海から遠く離れた内陸部にも運ばれた。直線距離にして六〇〇キロメートル、実質的には一〇〇〇キロメートルも離れた遺跡から、見つかっている。このネットワーク、縄文早期には、出来上がっていたとされる。運搬ルートは、主に河川を利用していたと思われ、この交易の道は、のちの時代に継承されていく。

黒潮を経由して東西を往復してもいた。たとえば縄文後期後半に、宮滝《みやたき》式土器（奈良県吉野町宮滝遺跡出土土器が標式）が近畿地方から、東海地方に伝わり、さらに新島、大島にもたらされている。逆に、同時期、東北地方南部の新地《しんち》式《しき》土器（福島県新地町小川貝塚出土土器を標式とする）は、関東地方だけではなく、近畿地方にも伝わっている。

周りを海に囲まれているから縄文人が海の民になるのは当然と思われるかもしれ

ないが、航海や漁は命がけで、よほどの事情がない限り、人は大海原には出ていかない。その証拠に、東アジアの中でも、海人としての倭人は、高く評価されていて、特殊技能を持っていると見なされていたようだ。倭人や縄文人が優秀な海人になるきっかけがあったはずだ。

縄文の海人のルーツを探ることはできるだろうか。意外に簡単なのではあるまいか。縄文時代草創期から早期にかけて営まれていた上野原《うえのはら》遺跡（鹿児島県霧島市国分）に、ヒントが隠されている。

上野原遺跡が見つかるまで、縄文時代の先端地域は「東」と信じられてきた。ところが、縄文早期前葉に南部九州では安定した定住生活が始まっていて、最先端の技術を備えた人びとが存在したことがわかってきた。たとえば、縄文時代後期から晩期のものと考えられていた「壺」や「耳飾（土製と石製。はめ込み式の耳飾）」が、すでに使われていたのだ。

これまで縄文土器は、縄文時代早期（約一万一〇〇〇年前から七〇〇〇年前）ごろ、まず底の尖った土器が使われ、前期（約七〇〇〇年～五五〇〇前）になって平底になると信じられていた。ところが、南部九州では、縄文早期にすでに平底の土器（円筒形）が用いられていた。

縄文時代をリードしていた南部九州

上野原遺跡だけではなく、南部九州の近隣の遺跡も興味深い。縄文時代の早い段階で、高度な文物を利用していた。たとえば、さまざまな祭祀に用いたと思われる土偶や石器が見つかっている。その中でも無視できないのは、九州で最古の土偶で、「女性」であることが強調されている。

新東晃一《しんとうこういち》は『シリーズ「遺跡を学ぶ」027　南九州に栄えた縄文文化　上野原遺跡』（新泉社）の中で、縄文時代早期に、南部九州で精神文化の発達が見られること、縄文時代早期後葉には、南部九州の土器の文化圏が九州島のみならず、中国、四国地方へと拡大していて、「南九州の早期後葉の物質文化」と精神文化も大きく発展していたことを指摘している。そして南部九州は、「早咲きの縄文文化」と呼ばれるようになったのである。

ところが、南部九州の縄文文化は、一度断絶してしまっている。約七三〇〇年前に鬼界《きかい》カルデラが大爆発（アカホヤ火山灰の堆積）を起こしたのだ。縄文時代の日

上野原遺跡（写真：時事通信フォト）

本列島で最大の火山噴火だった。西日本にも火山灰は降り積もり、南部九州の縄文人たちは、散り散りに逃げ惑った。多くは南方を目指したようだが、日本列島にも拡散していく。黒潮に乗って東に向かった人たちもいて、伊豆諸島にたどり着いた人もいた。南部九州で盛行してした石斧も、各地に伝わった。南部九州の先進の文化が各地に伝播していったことが、確かめられている。

南部九州の縄文人たちが海人だったと思われるのは、この大噴火のあとから、海を利用した交流と交易が広まっていくからだ。

たとえば新潟県糸魚川市で産出されるヒスイ（硬玉《こうぎょく》翡翠《ひすい》）は、沖縄から北海道まで運ばれている。三〇〇〇年前には、双胴着装舟や帆も利用されていたらしい。当時の刳舟《くりふね》（丸木舟）の幅は五〇センチメートルほどで、長さは五～八メートルあった。一〇メートルを超える大型の船も見つかっている。こちらは外洋を航海する船だ。

ちなみに、南部九州に人が戻ってくるのは数百年後のことになる。北部九州から、人が移り住んできた。

上野原遺跡にやってきたのはスンダランドの海人

上野原遺跡の縄文人は東南アジアの幻の大陸スンダランドからやってきた海の民ではないかとする説がある。スンダランドは、マレー半島東岸からインドシナ半島にかつて存在した沖積平野だ。すでに触れたように、寒冷期に海面が下がり、陸地になっていた。アフリカを飛び出したホモサピエンスたちのうち、南経由でアジアにきた人びとの一部がここで暮らしていたが、さらに今から五万年から四万年前に、琉球列島を経由して日本列島にたどり着いた。彼らは、旧石器人だ。やがて、ヴュルム氷期（最終氷期）が終わると、海面が上昇し、紀元前一万二〇〇〇年ほど前から、スンダランドが水没を始める。このとき、スンダランドを脱出した人の一部が、「黒潮に乗って直接、南部九州にたどり着いたようなのだ。

黒潮の幅は五〇〜一〇〇キロメートルで、最大流速は二〜七ノット（一ノットは時速一・八五二キロメートル）に達する世界一速い海流だ。これに乗って、一気に北上してきたのだろう。

では、南部九州の縄文人がスンダランドからやってきた証拠はあるのだろうか。

小田静夫は、栫ノ原《かこいのはら》遺跡（南さつま市）で見つかった栫ノ原型石斧（丸ノミ形石斧）に注目している。この石斧は一万二〇〇〇年前ごろの薩摩火山灰層の下から見つかった。宮崎県、長崎県、沖縄県の遺跡でも似た石斧が出土している。石を研磨して丸ノミ状にしたもので、丸木舟を造るための海人の道具と考えられている。

栫ノ原型石斧の分布域が鹿児島県からはるか南方に延び、黒潮に沿っていることから、小田静夫は一つの文化圏を想定し、スンダランドから人びとが鹿児島にたどり着いた証拠と考える。

遺伝子という視点からも、スンダランドから縄文人がやってきたことがわかる。

スンダランドの位置

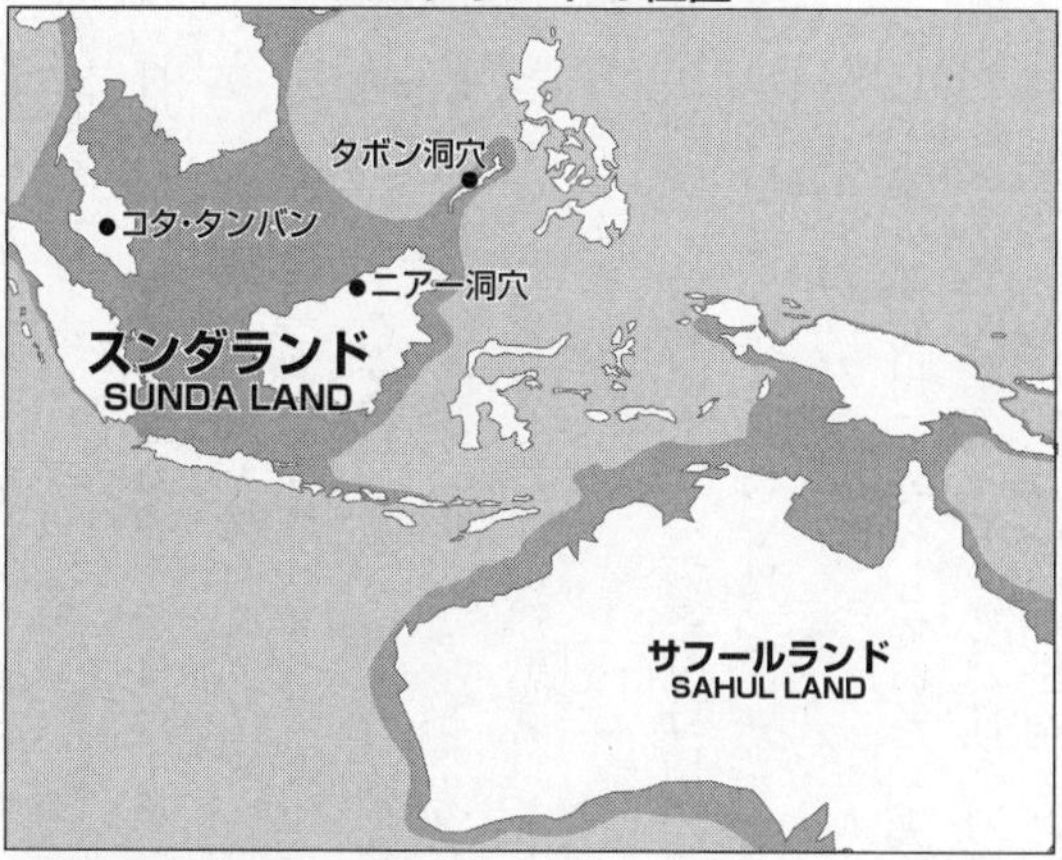

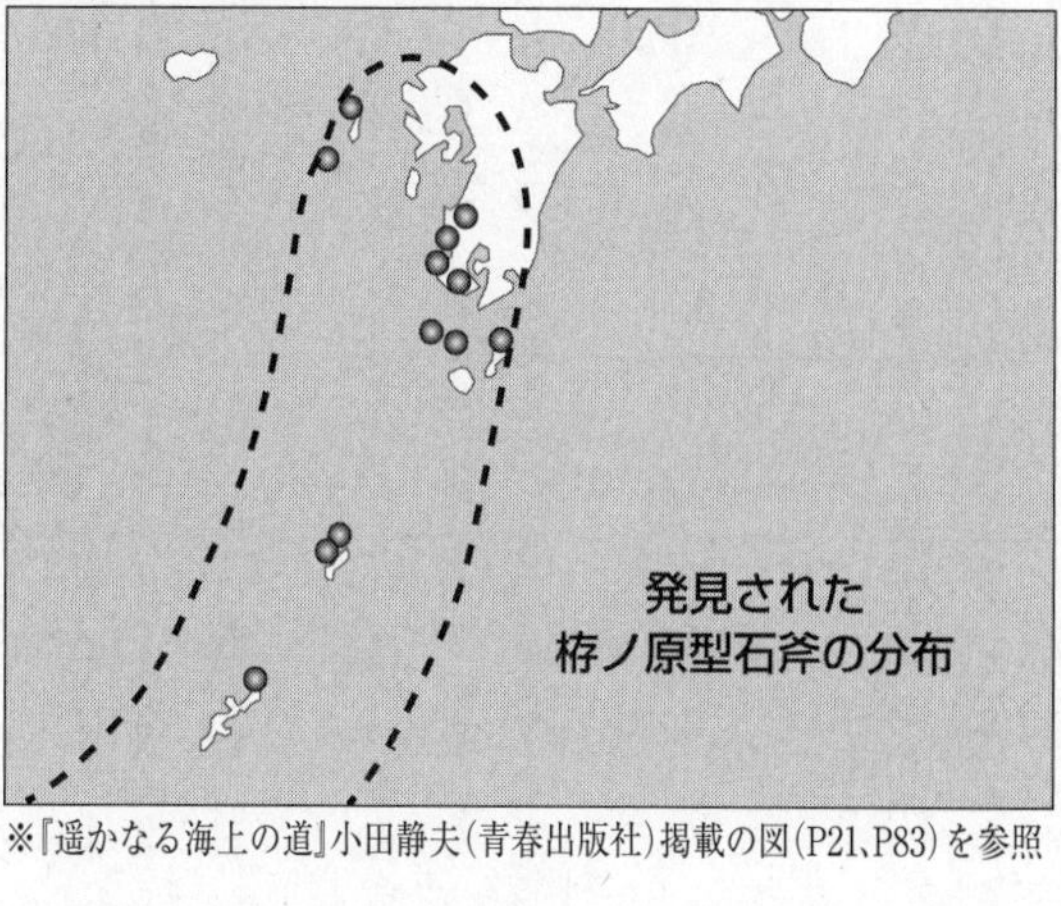

※『遥かなる海上の道』小田静夫（青春出版社）掲載の図（P21、P83）を参照

「C系統（Y染色体）」の人びとは、もっとも早い段階にアフリカを飛び出し、その一部は東南アジア（スンダランドを含む）に渡り、いくつもの亜型を生み出していた。日本列島には、亜型の中でもC1系統とC3系統がやってきた。C3系統は東アジアに広く分布している。このため、一度内陸部を伝ってシベリアに向かい、日本にやってきたと考えられるようになった。

問題は、C1系統だ。彼らは「日本列島だけ」に住む非常に珍しいタイプなのだ。しかも密度は南側に偏っている。つまり、寄り道をせずに、直接日本列島にやってきた人たちだったわけだ。黒潮ルートをひとっ飛びしてやってきたイメージしか思い浮かばない。

遺伝学者・崎谷満も、この系統は南方の貝文《かいもん》文化の担い手で、縄文時代早期に日本列島の南部に達したのではないかと推理している（『DNAでたどる日本人10万年の旅』）。その通りだろう。

そして、南部九州で暮らしていた「大海原を自在に往き来できる海人」たちが、鬼界カルデラの大爆発によって、日本列島各地に散らばっていったこと、その直後から、日本列島の交流と交易が盛んになった事実は、無視できない。縄文社会に海人の文化が根付いたのであり、九州島と周辺の海人たちは、縄文の海人の習俗を守り、継承したのだ。そして、海人はヤマトの王家の母系の祖になったのである。

もちろん、「純粋な血統証つきの縄文人の末裔」など、どこにもいない。しかし、渡来人と血を重ねつつも、縄文の伝統を継承してきた倭の海人なら存在した。その代表的存在が、阿曇氏だろう。

一万年にわたって培われた技術と経験知を駆使して、大海原を走り回ってきたからこそ、倭の海人は東アジアで名を馳せ、「倭の海人を奪い去ってしまいたい（事実、連れ去られていた）」と思わせるほど、優秀だったのだろう。くどいようだが、縄文一万年の経験知がなければ、外洋、瀬戸内海、世界一危険ともいわれる津軽海峡を、往き来することはできなかっただろう。そして、ヤマト建国も、彼ら縄文の海人の末裔たちのネットワークが下地になっていたと思われる。流通ルートの争奪戦によって生まれたのがヤマトであり、それは、海人の発想ではなかったか。

ヤマトの王は祭司王であるとともに、縄文ネットワークの元締めでもあったのだろう。だからこそ、九州の海人の末裔が、ヤマトの王家のそばに寄り添ったのである。

ヤマト建国は縄文の揺り戻し運動だといったのは、これまで述べてきたいくつもの要因が重なっていたからだ。「西から押し寄せる弥生化の波」に一瞬戸惑った地域が、石棒や銅鐸、土器の中に、縄文回帰の気持ちを込めていたこと、彼らが中心となって、倭国大乱をしずめ、ゆるやかな紐帯のネットワーク国家「ヤマト」を完成させたからだ。

そこで気になってしかたないのは、なぜ人びとは、何度も弥生化をためらい、その後、何度も縄文に戻ろうとしていたのか、ということである。

終章

縄文回帰の日本史

平和な時代に戻りたいと願った日本人

日本人は、ことあるたびに、「昔に戻りたい」と、請い願っていたのではあるまいか。争乱の時代が続くと、「戦争をやめて、昔のように、穏やかに暮らしたい」という願望が、首をもたげるのだ。溝口健二監督の映画『雨月《うげつ》物語』の世界に、日本人は共感し、強く共鳴するのだと思う。

弥生時代に組織的な戦争が始まったが、縄文への揺り戻しがあった。ヤマト建国もそうだ。縄文的な銅鐸文化圏の人びとが中心となって、倭国大乱を収拾する目的でヤマトに集まり、ゆるやかな連合体を結成した。このとき、富を蓄えた北部九州の強い首長たちに出番はまわってこなかった。

また、四世紀末から六世紀初頭にかけて、倭国は盛んに朝鮮半島に軍事介入し、また磐井《いわい》の乱（五二七）を経験している。しかし六世紀から七世紀にかけて、蘇我氏が台頭し、全方位形外交を目指し、平和な時代が訪れた。ところが、蘇我氏を衰退に追いやった中大兄皇子《なかのおおえのみこ》は白村江《はくすきのえ》の戦い（六六三）に猪突し、大敗北を喫してしまう。やがて人びとは、蘇我氏の築き上げた飛鳥時代と明日香の地を、しきりに懐かしんでいくのである。

蘇我氏を渡来系と見なす学説は多いが、行動は縄文的発想を備えていた。仏教導入に積極的だったが、一方で神道を潰そうとはしなかった。これは、多神教的発想で、新来の仏様たちを多神教的な神の一種として迎え入れたのだ。こののち神道と仏教は日本で融合していく。これは神道の仏教化と信じられていたが、実際には仏教の神道化だったと、近年では考えられるようになっている。日本人の三つ子の魂が作用したということだろう。

また蘇我氏は、縄文時代から尊ばれていたヒスイを大切に継承したが、蘇我氏が追い落とされると、藤原氏は縄文の遺産を躊躇《ちゅうちょ》なく捨てている。

その後、平安時代が到来し、雅《みやび》な貴族文化が花開くが、これは平和な時代ではない。繁栄を誇ったのは藤原氏だけだった。東北蝦夷《えみし》征討は長期化し、人びとは疲弊した。他の拙著の中で詳しく述べたように、東北蝦夷征討は、藤原氏の政敵や政敵と手を組んでいた関東の軍団を疲弊させる目的があった。彼らを東北に向かわせたのだ。「夷《い》をもって夷を制す」手口である。その後、人びとは朝廷（の藤原氏）を恨み、関東は無法地帯と化すが、ここで武士が台頭し、貴族社会を潰しにかかった。こうしていよいよ、長い戦乱の時代が到来する。

戦国時代を終わらせたのは徳川家康だ。この人物は不思議な武将で、「厭離穢土《おんりえど》欣求浄土《ごんぐじょうど》」の馬印《うまじるし》（大将旗）を掲げて、戦場におもむいた。「この世は戦乱で穢《けが》れている」と訴え、平和な極楽浄土を求めようではないかと訴えたわけだ。事実、徳川家康が天下を取ると、その後約三〇〇年の平和が訪れる。その統治の手法に評価はいろいろあるだろうが、幕末に至るまで、大きな戦乱は起きなかった。江戸三〇〇年は、ただの厭戦《えんせん》の時代ではなく、日本列島人が、定期的に行ってきた「縄文への揺り戻し」だったのではないかと、筆者は考える。

傲慢な一神教

嘉永《かえい》六年（一八五三）の黒船来航によって、日本人は一神教の洗礼を受けた。多神教世界の平和な生活に三〇〇年浸かっている間に、西欧列強は、圧倒的な火力（武器）を手に入れ、世界を植民地化していた。しかも、「野蛮人を教化する義務があるから、占領し支配する（帝国主義）」という身勝手な発想だった。

すでに織田信長の時代から、スペインやポルトガルは世界征服の大義名分にキリスト教を利用していた。唯一絶対の神の正義を世界に知らしめるため、そして、野蛮な人びとをキリスト教の高みに引き上げるためというのだ。結局、多くの地域（ほぼ全世界）がキリスト教の餌食となり、植民地となった。

徳川幕府がキリスト教を排斥し鎖国に踏み切った理由の一つが、ここにある。多神教社会は、一神教のような「正義（独善）」を振りかざさないから、弱いのだ。

そこで、多神教と一神教の違いを、説明しておこう。

多神教は、万物に精霊や神が宿ると考え、あらゆる「物」や「現象」を神と見なす。大自然が神そのもので、人間は大自然のもたらす災い（自然災害）には無力だが、大自然＝神をなだめすかせば（祀れば）逆に幸をいただけると考える。大自然を敬い、万物と共存する生き方で、原則的に大地に傷をつける（農業や鉱業など）という発想がなかった。

これに対し一神教は、唯一絶対の神が万物を生み出し、神がすべてを支配していると考え、しかも多神教から進歩した信仰と胸を張る。

しかし、一神教は傲慢だ。

『旧約聖書』の創世記第一章、二六〜三〇節に、次の神の言葉が載る。

「われらの像に、われらに似せて、人を作ろう。そしてこれに海の魚、空の鳥、家畜、すべての野（獣）と、地を這うすべてのものとを従わせよう」

「産めよ、殖《ふ》えよ、地に満ちよ。地を支配せよ。そして海の魚、空の鳥、地を這うすべての生きものを従わせよ」（中沢洽樹・前田護郎訳『世界の名著12 聖書』中央公論社）

神の子としての人間は、この地球を支配し、自然を改造できると考える。そして、「正しい神の教え」を理解できない異教徒は、野蛮人と考える。

一神教は他の価値観を排除し、不寛容で独善的、攻撃的、暴力的なのだ。超越的な唯一の神だけを信じ、自然の神聖性を認めないので、環境破壊を招いてしまった。また、他者を暴力的に支配しようとし、ルールを押しつけようとしている。

これに対し、聖書学者の山我哲雄《やまがてつお》は、次のように弁明している。

十字軍やホロコースト、中東戦争やユーゴ紛争を含め、それらの衝突や紛争の多くは、実は宗教戦争ではなく、宗教以外の要因によるものであり、ただ宗教が対立の「旗印」に利用されたとも見られることを忘れてはならない。初期キリスト教は、多神教徒であるローマ人に厳しく迫害されたし、わが国のキリシタンも神仏を奉ずる徳川幕府に弾圧された。（中略）神道で「八百万《やおよろず》の神」を奉じるわが国も、「大日本帝国」の時代には、アジア諸国に対して天皇崇拝を強要するなど、極めて不寛容な支配を行ったのである（『一神教の起源』筑摩選書）

しかし、この主張を支持することはできない。

多神教世界は、キリスト教徒を迫害していたのではなく、恐ろしくて、握られた手をふりほどこうとしていたのだ。さらに山我哲雄は「大日本帝国」の過ちを指摘しているが、近代日本の天皇は、伝統的な天皇ではなく、多神教とは無縁の存在だ。明治政府が、西洋が掲げた論理「神の正義の名を借りた植民地支配」を真似して、多神教の象徴的存在である天皇を、キリスト教的な唯一絶対の正義にすり替えて、帝国主義の真似ごとを始めたのである。

恨み復讐する一神教

一神教はどうして誕生したのだろう。砂漠で暮らす人びとが、満天の星空を見上げ、抽象的で観念的な着想を抱き、「普遍的な信仰」を生み出したためではないかとする考えがある。しかし本当は、もっと生々しい理由があった。

たしかに、砂漠で生まれた、という部分は、科学的にもほぼ証明されている。紀元前一二〇〇年ごろ、西アジアの北緯三五度以南が乾燥していたことがわかっている。

神（ヤハウェ）がすべてを創造したと説くユダヤ教の起源は、紀元前十三世紀、エジプトで奴隷だったヘブライ人がモーセの導きで脱出したことによる。彼らはさまよい歩いてカナン（パレスチナ）の地に行き着き、先住の民を追い払い、あるいは懐柔した。ヘブライ人は、ヤハウェの加護を受けてエジプトを脱出し、カナンの地を与えられたと主張したのである。

要は、土地を奪うために、神を利用したのだ。豊穣の地を追われた者が奴隷となり、あるいは砂漠で暮らした。彼らは敗者だったから、敵を呪い、復讐を誓うのだ。

これは、勝手な想像ではない。『旧約聖書』にちゃんと書いてある。「イザヤ書三十四章二節」と「イザヤ書三十四章八節」には、次のようにある。

まことにヤハウェには、総ての国に対する怒《いか》りが、総ての軍勢《ぐんぜい》に対する憤《いきどお》りが、ある。

彼［ヤハウェ］は彼らを絶滅《ぜつめつ》し、彼らを殺戮《さつりく》にまかせた。（三四―二）

まことに、ヤハウェにとって復讐《ふくしゅう》の日、シオンの訴《うった》えのために仇《あだ》を返《かえ》す年［が来る］。（三四―八）（『旧約聖書Ⅶ　イザヤ書』関根清三・旧約聖書翻訳委員会訳　岩波書店）

「一神教の発明」によって、「普遍的な原理」が立てられ、人びとは他人を攻撃し、殺し、復讐する正義、正当性を獲得したのだ。

それだけではない。「万物を創造した神」は、地球にはいないし、人間と自然は、隔てて存在する。人間と大自然は、支配者と被支配者の関係にある。

大木英夫《おおきひでお》は『終末論』（紀伊國屋新書）の中で、キリスト教はコスモス（宇宙）の感覚と対立しているといい、次のように続ける。

つまり、人間精神が自然世界によって守護されていないという孤独と寂寥の状況である

人間は自然を支配する者だから、自然が人間を守ってくれはしない。ここが、「万物に精霊や神は宿る」というアニミズムや多神教と決定的に異なる。大自然を支配し改造するのが一神教の考えであり、多神教とは相容《あいい》れない。

科学と哲学と共産主義に化けたキリスト教

キリスト教はユダヤ教から派生したが、キリスト教は科学や哲学、共産主義に化けていく。宗教と科学は正反対の存在に見えるが、なぜ科学の根っこに宗教が横た

わっているのか。

人類は長い間、天変地異に苦しめられてきた。多神教世界の住民は、「大自然（神）の前に人間は無力」という諦観《ていかん》があるから、ひたすら神を祀った。ところが、一神教世界の住民の発想はまったく違った。自然災害など、災難に遭ったとき「神を信じているのに、なぜこんな仕打ちを受けるのか」という謎に突き当たったのだ。

神の不条理には、何かしらの秘密と法則性が隠されていると感じたキリスト教徒は、真相を求め始めた。特に、神を絶対視するプロテスタントが、熱心だった。そして、謎解きを進め、十六世紀から十七世紀にかけて、自然科学が花開いたのだ。この時代、機械時計が登場し、何もかもが「機械として考えられるのではないか」という発想が芽生えた。

十七世紀前半のフランスの哲学者ルネ・デカルト（一五九六〜一六五〇）は、科学万能を謳《うた》いあげ、『方法序説』の中で、自然を機械に喩《たと》え、自然学や哲学によって、人間は自然を支配できると言い放った。科学を用いれば、人類が大自然の主人となり、大自然を所有することが可能になるという。人間の理性が、自然を支配するというのである。

これは決して驚くべき話ではない。一神教の神が、「人間の理性」にすり替えられただけだからだ。「神は死んだ」とフリードリヒ・ニーチェ（一八四四〜一九〇〇）が口走ったのは、このことを指している。神は、人間の理性となったわけだ。神と理性の違いは、神は個人の外にあり、理性は個人の内にあるという一点である。

イギリスの政治家で哲学者のフランシス・ベーコン（一五六一〜一六二六）は、ルネサンスの魔術的自然観を克服し「知識は力なり」と語り、自然のすべてを「幾何学の延長」で捉え、数学的合理性によって統御できると信じ「機械論的自然像」を生んでいる。

ベーコンは発見や発明の力で、人間を自然の奴隷状態から解放するという。自然は神からの贈り物であり、人間とは同質ではない。自然は人間に奉仕するもので、自然を人間の奴隷にする。この行為は、神の行動を模倣することになるというのである。

関ヶ原の戦いが西暦一六〇〇年で、まさにベーコンたちが「この世は機械仕掛けだ」と叫んでいた時代だった。ベーコンから観れば、機械や武器を造れないやつらやキリスト教を信じないやつらは野蛮人であった。それらを教化し、有り難いキリスト教を世界に広めるために、西洋人は各地に散っていったのだ。そして、日本列島にも到達し、布教活動を始めた。じつに、おぞましい景色ではないか。江戸時代の鎖国の意味が、ここに来て、とてつもなく大きく見えてくるのである。

キリスト教徒は世界を見下し、異教徒を蔑視していたのだ。たとえば日露戦争が始まる一〇年前のこと、日清戦争に勝利した日本に対し、ロシアの新聞『ノーヴォエ・ヴレーミャ』は、次のように論評している。

　ロシアは黄色人種の文明など認めていないので（中略）どんなに開化された異教であっても、意識の高いキリスト教徒にとってそれはキリスト教文明の高みよりはるかに低い（『外国新聞に見る日本』毎日コミュニケーションズ）

一神教は、じつに恐ろしい。ここまでくると、狂気さえ感じるのである。もちろん、本人たちにそれを伝えても、理解してもらえないと思うが。

まったく関係のない話だが、三内丸山遺跡を発掘した岡田康博の次の指摘を、ここであえて掲げておく。

縄文遺跡は四季折々の恵みを巧みに取り入れ、人間と自然とが共生した具体的な証である（中略）縄文遺跡は、日本はもとより人類の歴史における狩猟採集社会の成熟した姿を現代に伝えている。さらに、狩猟採集社会から農耕社会への発展を是とする歴史観や自然と共生する狩猟採集文化への再評価など、世界的規模で受け止めるべき事項を多く含んでいる（『三内丸山遺跡』同成社）。

このくだりを読むと、なぜかホッとするのである。そして、農耕社会へ突き進んでしまったことの意味の大きさを、改めて実感する。人類は農耕と冶金を手にしてから、精神を患い始めたのではあるまいか。

西洋の文明が日本を幸せにしたのだろうか

日本の中世戦国時代の争乱の原因は、土地（領土）の奪いあいだったが、根底には、弥生時代から続けられた「農耕を始めてしまった人たちの宿命」が横たわっていた。ところが、江戸時代の三〇〇年は、農業を基盤とした政治経済を貫いたにもかかわらず、平和を維持することができたのだ。もちろん、ひずみや不満はたまっていっただろうが、長い平和な時代は、高く評価してよいと思う。これを、筆者は「縄文回帰ではないか」と疑っているし、陸続きの隣の国がなかったから維持できた奇跡の平和だと思う。

問題は、三〇〇年の間に、西洋の「進化する一神教」「いよいよ大自然を支配し始めたキリスト教社会」が、想像を遥かに超えた化け物に変身していたことだ。純粋な多神教社会に戻った列島人が、武力で太刀打ちできるはずもなかった。

逆に（そして皮肉なことに）、日本を訪れた西洋人たちは、「楽園のような日本」に、驚嘆したのだ。彼らの手記から、その様子を拾い上げてみよう。当時の日本人は、みな朗らかで、愉快に笑っていたというのだ。

水道設計のために招かれたイギリス人ヘンリー・S・パーマーは、明治十九年（一八八六）に、『タイムズ』に、次の記事を寄稿している。

誰の顔にも陽気な性格の特徴である幸福感、満足感、そして機嫌のよさがありありと現れて（中略）、絶えず喋り続け、笑いこけている（渡辺京二『逝きし世の面影』平凡社ライブラリー）。

日本最初のネイティブの英語教師、ラナルド・マクドナルドは、日本人に明確な宗教上の教義がなく、善悪の基準がないと驚きつつも、次のように述べている。

エデンの園以外のどこにも劣らぬほど、高貴で純粋で、慈悲深く、あらゆる自然を愛し、悪意がなく純潔だ（『外国人が見た古き良き日本』内藤誠編著　講談社インターナショナル）

子供が大切にされていることも、特異に見えたようだ。大森貝塚を発見したモースは、次のように述べる。

世界中で日本ほど、子供が親切に取り扱われ、そして子供のために深い注意が払われる国はない。ニコニコしている所から判断すると、子供達は朝から晩まで幸福であるらしい（『逝きし世の面影』）

そして、ハリスの通訳として来日したオランダ人ヒュースケンは、西洋文明を誇りに思っていたが、意外な感想を述べている。長くなるが、引用する。

いまや私がいとしさを覚えはじめている国よ、この進歩はほんとうに進歩なのか？　この文明はほんとうにお前のための文明なのか？　この国の人々の質樸な習俗とともに、その飾りけのなさを私は賛美する。この国土のゆたかさを見、いたるところに満ちている子供たちの愉しい笑声を聞き、そしてどこにも悲惨なものを見いだすことができなかった私には、おお、神よ、この幸福な情景がいまや終わりを迎えようとしており、西洋の人々が彼らの重大な悪徳をもちこもうとしているように思われてならないのである。（青木枝朗訳『ヒュースケン日本日記』岩波文庫）

どうにも悲しくなってくる。現代日本人も、当時の日本人を見れば、「われわれは、歩む道を誤ったのではないか」と、愕然とするのではあるまいか。

われわれはどこに向かって歩んでいけばよいのだろう

夜郎自大になろうとしているのではない。「日本民族は優秀だ」などと胸を張っていては、それこそ「老害」の誹《そし》りを受ける。本当は、日本人も世界の人間も、もともとは「みなすばらしかった」のである。

大阪の隠れた名所、大阪万博の敷地に建てられた国立民族学博物館を訪ねたとき、衝撃を受けた。世界中の民族の民俗を集めた博物館なのだが、そこには、それぞれの民族の心持ちがまだ素朴で素直だった時代の生活の道具、第二の道具が集められていて、民族の違いに関係なく、純粋な時代の人類の美意識を知ることができる。どれもこれも現代人には、ショックなほど、美しい。人間はみな、素直で優しかったのだろう。近代化し、文明を発達させた西洋人が、幕末から明治にかけて日本人の姿に衝撃を受けたのと同じように、国立民族学博物館の展示物に驚かされる。優しさと迫力がある。その美の奥に秘められた魂の輝きに触れたとき、「われわれ自身の驕り」に気付かされるのだ。

われわれは、水田稲作を選んでしまった者の末裔であり、後戻りできないところまで来てしまったのだ。しかし一方で、本能のどこかで「帰りたい」と願っているように思えてならないのである。

小林達雄が興味深い話をしている。

そもそも人類文化は多様なものであり、しかもそれぞれが主体性を誇り、独立の道をとるべきものであった。しかるに、農耕を基盤とする文明の誕生以来、それはしだいに周辺地域を巻き込みながら肥大化し、一本調子に暴走して、立ち止まり、考えることを忘れた。すなわち、この歴史は自然を支配し、過度に利用し、人類の快適さのみを増大させていくという一方的な論理のあくなき遂行であった。こうした状況の中から近代科学が生まれ、その近代科学の機械論がさらに文化、経済の単一化に拍車をかけてきた。これはもう、どうにも止まらない。いささかの後戻りもできはしない。（『縄文人の世界』朝日選書）

弥生人が縄文的な文様を土器や銅鐸に刻み、縄文人が好んだ石棒に執着したのは、本能的に「農耕稲作を選択し、戦争を招き寄せてしまったことの悔悟」があったからだろう。テレビドラマで時代劇が好かれるのも、朗らかに笑って暮らしていた江戸時代に対する潜在的な郷愁があるからではなかろうか。

すでに触れたように、八世紀にも、人びとは「明日香に戻りたい」と、恋い焦がれていた。飛鳥時代は対外戦争も下火になり、国内的にも、大規模な戦争はなかった。希望と平和に満ちた時代だったのだ。飛鳥のイメージを徹底的に悪くしたのは、飛鳥時代の実力者・蘇我氏を滅亡に追い込んだ藤原氏である。

独裁権力を握る者を、日本人は排除してきた。織田信長が殺されるのは、時間の問題だったと思う。いまだにその伝統は守られている。その点、唯一長期にわたってこの国を支配してきたのが、藤原氏だった。人びとが明日香に恋い焦がれたのも、「藤原独裁の悪夢」に嫌気がさしていたからだろう。藤原氏は、日本の伝統を破壊した罪深い人びとだ。蘇我氏が縄文時代から継承されていたヒスイとともに滅びたのは、じつに象徴的だったと思う。

われわれの原罪は、水田稲作を選択してしまったことにある。もし人類が滅亡して、次に、再び人類が原始時代から歩み始めるとすれば、この歴史を、教えてあげたいほどだ。少なくとも、われわれは今、たしかに学習した。

優秀な海人だった縄文人たちは、中国大陸で何が起きているのかを知っていたと思う。農耕を選択し金属器を手に入れた漢民族は、森の樹木を冶金の燃料にするとともに、耕地を拡大していったのだ。その結果、富は蓄えられたが、森（大自然）は失われ、戦争も始まった。「人は農耕を始めれば、集団で人殺しを始める」と縄文人は震え上がっただろう。「あれは狂気だ」と、冷静に見守っていた者もいたにちがいない。やがて、北部九州に少数の渡来があり、徐々に水田稲作は始まった。東の縄文人たちは、「大地に傷をつける水田稲作を始めれば、いつかきっとバチが当たる。破滅の道を歩む」と恐怖したのではなかったか。

一度水田稲作を選択したら、後戻りできないから、必死に踏みとどまろうとする人びともいただろう。しかし、水田稲作を始めた者が富を蓄え、その圧力は、日増しに高まっていったのだろう。

縄文人たちは、技術がなかったから水田稲作を行わなかったのではない。農耕の狂気、金属器の無謀を、知り抜いていたとしか思えないのである。

世界三大文明が出現したころ、日本列島は遅れに遅れた原始時代だったと卑下する者たちもいるが、文明と農耕と一神教の成立こそ、悪夢の始まりであった。戻ることは許されず、やがて破滅するだろうと、縄文人たちは、歯を食いしばって、抵抗したのではなかったか。

時代は下っても、多神教を守り続けた日本人は、「やはり、どこかで間違っていた」と悔悟し、「あのころに戻りたい」と夢見ながら、それでも前に進まなければならぬ日常に、戸惑っているように思えてならないのである。

「縄文」を探ってみて、現代日本人の「苦悩と疎外」に行き着いた気がする。われわれは、どこに進めばよいのだろう。

おわりに

捕鯨をやめろと、日本は世界から叩かれている。しかし、「狩りは野蛮で、飼育や養殖は文明的」という理屈がわからない。

飼育は動物に不自由を強いている。動物を狭い檻《おり》に押し込んで、挙《あ》げ句《く》の果てに、肥えれば殺して食す。ガチョウやアヒルののどに無理やりエサを詰め込み脂肪肝にするフォアグラに至っては、文明人の所行とも思えない。強制肥育は、拷問《ごうもん》ではないか（フランスは頑として「間違っていない」と胸を張るが）。

たしかに、『旧約聖書』には「動物を支配し飼育する権利が人間には備わっている」と記されるが、この言葉に甘えていてよいのだろうか。

食べてよい動物と食べてはいけない動物を人間が峻別《しゅんべつ》するというのは、思い上がり以外の何ものでもない。狩りを野蛮視することは、自然界、動物界の営みそのものの否定にもつながる。

この世は、ありのままで美しいのだ。そしてその中に、生き物の食物連鎖も含まれていよう。

人間の活動は、他の生物の犠牲の上に成り立っている。その宿命から逃れることはできない。だが、その「罪深い生き様」を自覚し、「命をささげてくれたものたち」に、感謝し、鎮魂することこそ、人の務めだと思う。旧石器時代、縄文時代からこのかた、多神教の国・日本では、みな手を合わせ、尊い命をもらい受けることに感謝してきたのだ。「いただきます」の一言は、日本人の「自覚のない信仰」の現れだ。

この多神教的な発想を、宮沢賢治は『銀河鉄道の夜』の中で、巧みに描ききっている。

銀河鉄道の汽車に乗った主役の二人、ジョバンニとカムパネルラは、「鳥を捕る人」と乗り合わせる。鶴や雁、さぎを捕る生業だ。ジョバンニたちは最初、気味悪がるが、次第に心を許していく。そして汽車から降りたその人は、鳥をたくさん捕まえ、袋に詰め、最後に語る。

「あああせいせいした。どうもからだに恰度《ちょうど》合うほど稼いでいるくらい、いいことはありませんな」

ここに、縄文的で多神教的な発想が隠されていると思う。自身の生命をつなぎ止めるだけの糧を得られれば、それで人間は幸せなのだ。そこで欲を出さなければ、狩りは許されるのだし、無駄に命を奪っているわけではない。

ここを勘違いしてはならないと思う。殺してよい動物、殺してはいけない動物を人間がより分けるなどという行為こそ、驕《おご》り高ぶっているとしか思えない。要は、生きるための最低限の食料（命）を大自然から頂戴《ちょうだい》できれば、それでよいのだ。

人間は、生きるためには、生き物を殺さなければならない。生命は、他の生命の犠牲の上に成り立っている。だから、その罪深い行為を陳謝し、奪った命の安寧《あんねい》を祈り、「頂戴した人生」を大切に全うし、死ぬときに「ありがとう」と、感謝する。それが、多神教的な発想であり、縄文時代から継承されてきた日本列島人の倫理観だと思う。決して恥じる必要のない、気高い精神だと思うのだ。

なお、今回の文庫化に際しては、ＰＨＰ研究所第一事業制作局の永田貴之氏、歴史作家の梅澤恵美子氏に、御尽力いただきました。改めてお礼申し上げます。

合掌

参考文献

『日本書紀』日本古典文学大系（岩波書店）
『風土記』日本古典文学大系（岩波書店）
『魏志倭人伝・後漢書倭伝・宋書倭国伝・隋書倭国伝』石原道博編訳（岩波文庫）
『三国史記倭人伝』佐伯有清編訳（岩波文庫）
『日本の神々』谷川健一編（白水社）
『神道大系　神社編』（神道大系編纂会）
『古語拾遺』斎部広成撰　西宮一民校注（岩波文庫）
『日本書紀　一　二　三』新編日本古典文学全集（小学館）
『縄文語の発見』小泉保（青土社）
『縄文時代の考古学1　縄文文化の輪郭』小杉康・谷口康浩・西田泰民・水ノ江和同・矢野健一編（同成社）
『縄文文化を掘る』NHK三内丸山プロジェクト・岡田康博編（NHKライブラリー）
『三内丸山遺跡』岡田康博（同成社）
『日本史リブレット2　縄文の豊かさと限界』今村啓爾（山川出版社）
『縄文式階層化社会』渡辺仁（六一書房）
『旧石器時代人の知恵』安蒜政雄（新日本出版社）

『シリーズ「遺跡を学ぶ」030　赤城山麓の三万年前のムラ　下触牛伏遺跡』小菅将夫（新泉社）
『縄文文化』勅使河原彰（新日本新書）
『一神教の起源』山我哲雄（筑摩選書）
『日本の歴史1　日本史誕生』佐々木高明（集英社）
『縄文人の世界』小林達雄（朝日選書）
『縄文の思考』小林達雄（ちくま新書）
『列島の考古学　縄文時代』能登健（河出書房新社）
『縄文社会と弥生社会』設楽博己（敬文舎）
『縄文論争』藤尾慎一郎（講談社選書メチエ）
『縄文時代の考古学10　人と社会』小杉康・谷口康浩・西田泰民・水ノ江和同・矢野健一編（同成社）
『シンポジウム［日本の考古学　2］　縄文時代の考古学』網野善彦・大塚初重・森浩一監修（学生社）
『文明に抗した弥生の人びと』寺前直人（吉川弘文館）
『究班』Ⅱ（埋蔵文化財研究会）
『三島弥生文化の黎明』（高槻市立今城塚古代歴史館）
『農業は人類の原罪である　進化論の現在』コリン・タッジ　竹内久美子訳（新潮社）

『新版［古代の日本］7　中部』坪井清足・平野邦雄監修（角川書店）
『弥生文化の曙光　縄文・弥生両文化の接点』中村五郎（未來社）
『倭人の祭祀考古学』小林青樹（新泉社）
『日本人の源流』斎藤成也（河出書房新社）
『日本人になった祖先たち』篠田謙一（NHKブックス）
『新日本人の起源　神話からDNA科学へ』崎谷満（勉誠出版）
『遺伝人類学入門』太田博樹（ちくま新書）
『考古学選書［11］弥生時代の始まり』春成秀爾（東京大学出版会）
『歴博フォーラム　弥生時代はどう変わるか』広瀬和雄編（学生社）
『列島の考古学　弥生時代』武末純一・森岡秀人・設楽博己（河出書房新社）
『先史日本を復元する4　稲作伝来』森岡秀人・中園聡・設楽博己（岩波書店）
『弥生文化の成立』金関恕・大阪府弥生文化博物館編（角川選書）
『古代を考える　稲・金属・戦争』佐原真編（吉川弘文館）
『人はなぜ戦うのか　考古学からみた戦争』松木武彦（講談社選書メチエ）
『日本史を学ぶ1　原始・古代』吉田晶・永原慶二・佐々木潤之介・大江志乃夫・藤井松一編（有斐閣選書）
『大系日本の歴史1　日本人の誕生』佐原真（小学館）
『日本の歴史一　旧石器・縄文・弥生・古墳時代　列島創世記』松木武彦（小学館）

『「前方後方墳」出現社会の研究』植田文雄（学生社）
『倭国』岡田英弘（中公新書）
『シリーズ「遺跡を学ぶ」027　南九州に栄えた縄文文化　上野原遺跡』新東晃一（新泉社）
『DNAでたどる日本人10万年の旅』崎谷満（昭和堂）
『旧約聖書Ⅶ　イザヤ書』関根清三・旧約聖書翻訳委員会訳（岩波書店）
『終末論』大木英夫（紀伊國屋新書）
『外国新聞に見る日本』（毎日コミュニケーションズ）
『逝きし世の面影』渡辺京二（平凡社ライブラリー）
『外国人が見た古き良き日本』内藤誠編著（講談社インターナショナル）
『ヒュースケン日本日記』ヒュースケン　青木枝朗訳（岩波文庫）
『世界の名著12　聖書』中沢洽樹・前田護郎訳（中央公論社）
『動物の解放』ピーター・シンガー　戸田清訳（技術と人間）

著者紹介
関　裕二（せき　ゆうじ）
1959年、千葉県柏市生まれ。歴史作家。武蔵野学院大学日本総合研究所スペシャルアカデミックフェロー。仏教美術に魅せられて足繁く奈良に通い、日本古代史を研究。文献史学・考古学・民俗学など、学問の枠にとらわれない広い視野から日本古代史、そして日本史全般にわたる研究・執筆活動に取り組む。
主な著書に、『蘇我氏の正体』（新潮文庫）、『豊璋 藤原鎌足の正体』（河出書房新社）、『おとぎ話に隠された古代史の謎』『ヤマト王権と十大豪族の正体』『検証！ 古代史「十大遺跡」の謎』『古代日本人と朝鮮半島』『万葉集に隠された古代史の真実』『こんなに面白かった　古代史「謎解き」入門』『地形で読み解く古代史の謎』『古代史に隠された天皇と鬼の正体』（以上、ＰＨＰ文庫）など。

本書は、2019年２月にＰＨＰ研究所より刊行された作品に、加筆・修正したものです。

PHP文庫　「縄文」の新常識を知れば日本の謎が解ける

2021年9月23日　第1版第1刷

著者　関　裕二
発行者　後藤淳一
発行所　株式会社ＰＨＰ研究所
東京本部　〒135-8137　江東区豊洲5-6-52
PHP文庫出版部　☎03-3520-9617(編集)
普及部　☎03-3520-9630(販売)
京都本部　〒601-8411　京都市南区西九条北ノ内町11
PHP INTERFACE　https://www.php.co.jp/
組版　有限会社メディアネット
印刷所
製本所　図書印刷株式会社

ISBN978-4-569-90167-1

PHP文庫

古代日本人と朝鮮半島

関裕二 著

日本人、朝鮮人、中国人は、なぜこれほど気質が違うのか？　その謎を解く鍵は、古代史にあった！　日本人のルーツに迫る驚きの真相とは？